PSYCHOANALYTISCHE SELBSTPSYCHOLOGIE

Theorie, Methode, Anwendungen

herausgegeben von
Peter Kutter

PSYCHOANALYTISCHE BLÄTTER
Band 15

Vandenhoeck & Ruprecht

PSYCHOANALYTISCHE BLÄTTER

Herausgegeben von Wilhelm Burian, Wien; Susann Heenen-Wolff, Brüssel; Louis M. Tas, Amsterdam; Jörg Wiesse, Nürnberg. Unter Mitarbeit von Eva Weinstock-Kroczek.

Band 1:	Aggression am Ende des Jahrhunderts herausgegeben von Jörg Wiesse
Band 2:	Ererbte Traumata herausgegeben von Louis M. Tas und Jörg Wiesse
Band 3:	Die Zukunft der Psychoanalyse herausgegeben von Wilhelm Burian
Band 4:	Geschlecht und Gewalt herausgegeben von Margarete Berger und Jörg Wiesse
Band 5:	Selbstmystifizierung der Psychoanalyse herausgegeben von Berthold Rothschild
Band 6:	Altern und Psychoanalyse herausgegeben von Hartmut Radebold

Die Bände können einzeln bezogen oder zur Subskription bestellt werden – dann ermäßigt sich der Preis um 10%.

Die Deutsche Bibliothek – CIP-Einheitsaufnahme

Psychoanalytische Selbstpsychologie : Theorie, Methode, Anwendungen/
hrsg. von Peter Kutter. –
Göttingen: Vandenhoeck & Ruprecht, 2000
(Psychoanalytische Blätter; Bd. 15)
ISBN 3-525-46014-7

Satz: Text und Form, Pohle
Druck und Bindearbeiten: Hubert & Co., Göttingen

Inhalt

Lotte Köhler

Die von Heinz Kohut begründete Selbstpsychologie – umstrittenes Neuland der Psychoanalyse

Summary: The Self Psychology Founded by Heinz Kohut – A Controversial New Psychoanalytic Perspective

The author re-evaluates central paradigms in psychoanalysis. She compares Freudian psychoanalysis with the psychoanalytic self psychology of Heinz Kohut in the light of contemporary research in the areas of attachment theory and developmental psychology. In contrast to classical psychoanalysis which views psychological health as the product of the resolution of biologically determined drives and the establishment of psychological autonomy, self psychology sees the development and maintenance of a cohesive self as being defined by the lifelong need for so called „selfobject experiences". This new theory of psychological development provides a new approach to the practice of psychoanalysis and offers deeper insights into the life experiences of the individual as well as into current social problems.

Die Selbstpsychologie gehört zu den neuen Entwicklungen der Psychoanalyse. Sie hat die widersprüchlichsten Urteile und Einstellungen seitens der Fachwelt wie der interessierten Laien auf sich gezogen. Wie so oft in den Humanwissenschaften, wurde die Auseinandersetzung personalisiert. An der Person des Begründers der Selbstpsychologie Heinz Kohut (1913–1981) entzünden und scheiden sich die Geister. Die einen sehen in ihm den großen Erneuerer – den, der die Freudsche Psychoanalyse um einen entscheidenden Schritt weiterentwickelt und einen historisch fälligen Paradigmenwechsel vollzogen habe. Die anderen sehen in ihm einen Häretiker, der gegen die von Freud übernommenen Theorien und Regeln psychoanalytischer Praxis verstieß und der seine unbestrittenen Erfolge nicht seiner neuen klinischen Theorie, sondern seinem Charisma verdanke. So zum Beispiel klagten ihn gesellschaftskritisch argumentierende Zürcher Psychoanalytiker (Psychoanalytisches Seminar Zürich 1981) an, er habe die sexualtheoretischen und kulturkritischen Grundpositionen Freuds verlassen, harmonisiere und verleugne den Widerspruch von Individuum und Gesellschaft und fördere eine Regression, eine „Rückkehr ins Paradies“, vertrete eine Sunshine-Psychologie, die die Analyse nicht in der Abstinenz führe und den Patienten ihre Wünsche befriedige. Sie unterstellen, daß seine Methode eine bewußte Korrektur emotionaler Erfahrungen sei und auf eine zielgerichtete therapeutische Aktion hinauslaufe, die nicht den Charakter einer Analyse mit nachfolgender Einsicht habe. Wieder andere bestreiten, daß ein Paradigmenwechsel stattgefunden habe, und erklären, Kohut renne offene Türen ein. Das von ihm entwickelte Verfahren sei keineswegs neu. Selbst geistigen Diebstahl warf man ihm vor. Andere Analytiker vor ihm hätten die Praxis ebenso ausgeübt wie er. Der Unterschied jedoch bestehe darin, daß er im Gegensatz zu seinen Vorgängern, die die gleichen Verfahren angewendet hätten, den theoretischen Boden der traditionellen Psychoanalyse verlassen und mit ihr gebrochen habe, indem er eine neue Theorie zur Begründung seines Verfahrens entwickelte.

Angesichts solch gegensätzlicher und noch dazu emotionsgeladener Meinungen stellt sich die Frage nach dem Sachverhalt.

Freuds Seelenmodell und die veränderte historische Situation

Muß ein Paradigmenwechsel, wie Kohut ihn vollzog, automatisch einen Bruch mit psychoanalytischen Grundprinzipien bedeuten? Freud selbst veränderte die psychoanalytische Theorie in radikaler Weise, als er 1923 das sogenannte topographische Modell aufgab und zum sogenannten Strukturmodell der Psyche überging. Im topographischen Modell gab es das System Unbewußtes (die große Entdeckung Freuds), das System Vorbewußtes und das System Bewußtsein. Das Ziel der Analyse bestand darin, Unbewußtes bewußt zu machen. Durch Erkenntnis und Einsicht, so postulierte er, würden die krankmachenden Einflüsse des Unbewußten beseitigt werden. Der erwachsene Mensch wurde als ein der Vernunft gehorchendes Wesen angesehen.

In der Strukturtheorie wurde die menschliche Seele als ein dreiteiliger Apparat aufgefaßt, der aus dem Es (den Trieben), dem Ich (dem seelischen Apparat im engeren Sinne) und dem Über-Ich (der Repräsentanz der Umwelt) bestand. Zwischen den drei Instanzen ergaben sich Konflikte, die das Ich zu bewältigen hatte. Wurde der Konflikt zwischen den Trieben des Es und den ihm entgegenstehenden Verboten des Über-Ich zu stark, so mußte der Trieb verdrängt werden, was mittels Gegenbesetzungen vor sich gehen sollte. Die Triebenergie, die den seelischen Apparat speiste, mußte, wenn sie unannehmbar war, durch eine weitere Energieaufwendung in Schach gehalten werden. Diese Energie aber fehlte den Menschen zur Verfolgung anderer Aktivitäten. Daher das Postulat: Wo Es war, soll Ich werden. Das Ich, der seelische Apparat, sollte besser strukturiert werden, so daß es den Ansturm der Triebe, die aus dem Es auf Abfuhr drängten, besser kanalisieren und fruchtbar machen könne.

Beiden Freudschen Theorien ist die hypothetische Annahme biologisch fundierter Triebe, die auf Abfuhr drängen, gemeinsam. Das Lustprinzip, das bestimmend für seelische Abläufe sein soll, postuliert, daß jeder Triebanstieg (wie zum Beispiel Hunger) Unlust bereitet und daß der Organismus auf Triebabfuhr hinstrebt. Die Lust bestünde demnach in der Beseitigung unerträglicher Unlust. Das Lustprinzip bewirke, daß die Spannungen des Organismus auf einem Minimum gehalten werden, weshalb man auch vom „Nirwana-Prinzip" sprach. Es ist das Verdienst der Säuglingsforschung, dieses Postulat widerlegt zu haben: Nicht totale Spannungslosigkeit, sondern optimale Stimulation wird angestrebt. Es sei bereits an dieser Stelle vermerkt, daß von allen in der Psychoanalyse vertretenen Richtungen die Selbstpsychologie am besten mit den Befunden der modernen Entwicklungsforschung kompatibel ist. Als Beispiel sei hier nur Daniel Stern (1985) angeführt, der in seinem Buch „Die Lebenserfahrung des Säuglings" von der Triebtheorie Abschied genommen und die Selbstempfindung als zentralen die Psyche organisierenden Faktor dargestellt hat.

Freud machte seine große Entdeckung just zu der Zeit, als sich die exakt naturwissenschaftlich orientierte Medizin auf einem Siegeszug befand. Er machte sie in der Epoche, in der Sexualunterdrückung, Prüderie und Heuchelei ganz bestimmte seelische Probleme aufwarfen. Die Wirkungsgeschichte Freuds beruht unter anderem darin, daß viele Sexualtabus in unserer Gesellschaft aufgegeben wurden, ja daß als „gesunde Triebabfuhr" eine „gesunde Sexualität" zum Prüfstein der Normalität und somit fast zu einem Leistungsgebot wurde. Treffen wir heute noch jene zu Freuds Zeiten typischen Hysterien und Zwangsneurosen an, die tatsächlich ihre Ursache in tabuisierter Sexualität hatten? Die Antwort lautet eindeutig nein. Wir sehen heute nicht selten Krankheitsbilder, denen die heftigen Symptome der Hysterie oder Zwangsneurose abgehen. Wohl aber werden unbestimmte Beschwerden wie allgemeine Lebensunlust, Depression, Beziehungs- und Arbeitsstörungen, Ungewißheit über den Sinn des Lebens, Zweifel an der Realität der eigenen Person geäußert. Daneben wird über körperliche Beschwerden, wie Magen-, Kopf- oder Rückenschmerzen geklagt, für die sich keine pathologischen Befunde erheben lassen und die sich als Hypochondrie erweisen. Die narzißtischen Persönlichkeitsstörungen sind relativ symptomlos, wohingegen sich bei den ebenfalls zunehmenden narzißtischen Verhaltensstörungen

Perversionen, Impulsverhalten, Drogensucht, Kleptomanie oder anderes asoziales Verhalten zeigen.

Was lag näher, als diese Krankheitsbilder nach dem alten Schema von Trieb und Triebabwehr zu erklären und sie auf „zu starke" Triebe und „zu schwache" Abwehr oder auf Diskrepanzen zwischen einem überhöhten, aus Trieben des Es gespeisten Über-Ich und einem zu schwachen Ich zurückzuführen? Hatte man zuvor die Abwehr gegen die Triebe analysiert, am Ich gearbeitet, um die Triebkräfte in fruchtbare Kanäle zu lenken, so stellte sich jetzt umgekehrt die Frage, wie sich der Analytiker theoretisch und praktisch verhalten sollte, wenn die Abwehr „zu schwach" und die Triebe „zu stark" waren. *Ein* theoretischer Ausweg bestand darin, nun auch in den Trieben eine Abwehr zu erblicken; ein Trieb, beispielsweise die Aggression, soll einen anderen, etwa die Libido, abwehren, und umgekehrt soll beispielsweise eine libidinöse Idealisierung als Abwehr gegen Aggressionen dienen.

Viele Patienten fühlen sich heute angesichts solcher Deutungen nicht verstanden. Ihre Beschwerden bessern sich nicht, oder die Patienten brechen die Analyse ab. Andere wiederum lernen sich als Trieb-Abwehr-Wesen verstehen und werden geheilt. Zu fragen ist allerdings, ob dieses durch Deutung bewirkte neue Selbstverständnis heilend wirkte oder die Beziehung, das Arbeitsbündnis, das die Patienten mit ihrem Analytiker eingingen. Diese therapeutische Allianz wurde schon immer als eine Grundvoraussetzung für eine erfolgreiche Psychoanalyse angesehen, wurde aber nicht weiter reflektiert.

Wie heilt die Psychoanalyse?

Wenn man Kohut vorwirft, seine unbestreitbaren therapeutischen Erfolge beruhten auf seinem Charisma und nicht seiner Theorie, so darf man nicht vergessen, daß auch viele andere Analytiker Charisma ausstrahlten, nicht zuletzt Freud selbst. Obwohl er Abstinenz predigte und verlangte, der Analytiker solle wie ein blanker Spiegel sein (d. h., nicht seine eigenen Regungen und Werturteile ins Spiel bringen), gibt es reichlich Beispiele dafür, daß Freud durchaus kein blanker Spiegel oder gar Automat war, sondern daß er durch seine Persönlichkeit die Patienten überzeugte und Hoffnungen in ihnen weckte. Gerade aber von ihm wurden diese Beiträge zu seinen analytischen Erfolgen nicht reflektiert.

Es besteht heute keine einhellige Auffassung darüber, was nun in einer Psychotherapie heilend wirkt: die der Therapie zugrundeliegende Theorie oder die Persönlichkeit des Therapeuten. Orlinsky, Grawe und Parks (1994) schreiben in einer Meta-Analyse, die sich auf mehr als 50 Publikationen stützt, der therapeutischen Beziehung den größten Einfluß auf das Ergebnis der Behandlung zu. Luborsky (1994, Luborsky et al. 1985) weist darauf hin, daß das Resultat einer Therapie anhand der Art und Weise, wie Therapeut und Patient zu Beginn der Behandlung miteinander in Beziehung treten, weitgehend vorhergesagt werden kann. Die Beziehung zwischen Patient und Therapeut zu Beginn der Behandlung war für die Vorhersage der Analysenergebnisse wichtiger als die Charakteristika des Therapeuten oder des Patienten und der Behandlungsmethode. Emde (1988) führt hierzu auch Arbeiten von Horowitz und Mitarbeitern (1984) an. Man untersuchte, wie in der Vergangenheit erfahrene Beziehungen in negativer Weise die gegenwärtigen Beziehungen einschließlich der therapeutischen Beziehung beeinflussen. Man suchte nach dem Beziehungskontext, der für die Konflikte, die in neurotischemVerhalten wiederholt werden, maßgeblich ist. Was allerdings „match und mismatch" in der therapeutischen Beziehung bewirkt, und zwar in den unterschiedlichen Phasen der Therapie, ist noch zu wenig untersucht. Die Selbstpsychologie sieht in der Ausbildung einer Selbstobjektübertragung, deren gelegentlicher Störung mit Fragmentierung des Selbst und der Wiederherstellung einen wichtigen Heilfaktor. (Der für die Selbstpsychologie zentrale Begriff des Selbstobjekts, wird im einzelnen noch erläutert werden.) Wichtig ist es, den eine Fragmentierung auslösenden Faktor in der Selbstobjektübertragung herausfinden und zu bearbeiten, weil die Wiederherstellung des gestörten Übertragungsgleichgewichtes beim Patienten strukturbildend wirkt. Daraus wird ersichtlich, daß selbstpsychologische Vorstellungen durchaus mit den neuesten Befunden der Erforschung des psychoanalytischen Prozesses kompatibel sind.

Im Zusammenhang mit der Frage, was in einer Psychoanalyse heilsam wirkt, sollen auch die jüngsten Theorien der „Process of Change Study Group" (Stern et al. 1998) erwähnt werden. Sie unterscheiden zwei mutative Phänomene in einer Analyse: die Deutung und „den Augenblick der Begegnung" zwischen Analysand und Analytiker. Das ist ein Augenblick, in dem sich die „Art des Miteinanderseins" („way of being with") innerhalb der Dyade ändert. Einen derartigen Vorgang hätte man in früherer Zeit als Übertragungsphänomen angesehen. Dabei wäre die Person des Analytikers entweder als objektiver Spiegel außer Betracht geblieben oder mit einer eventuellen Gegenübertragung ins Spiel gekommen. Die Sichtweise von Stern und Mitarbeitern stellt die Änderungen des dyadischen Beziehungswissens in den Mittelpunkt. Dazu ließen sich viele Parallelen in der von der Selbstpsychologie postulierten Selbst-Selbstobjekt-Einheit finden.

Angesichts dieser neuen Befunde wird das große Dilemma der Psychoanalyse sichtbar. Will sie als Wissenschaft gelten, darf sie ihre Heilerfolge nicht unwägbaren Persönlichkeitszügen der Analytiker zuschreiben. Die Behavioristen unter den Psychologen sähen sich in ihrer Ablehnung der Psychoanalyse bestätigt. Jeder Wunderdoktor könnte Anspruch auf Wissenschaftlichkeit erheben. Freud war solchen Vorwürfen ganz besonders ausgesetzt. Daher war es sein Bemühen, für seelische Vorgänge Erklärungen und Mechanismen zu finden, die wissenschaftlichen Kriterien standhalten, wie etwa die von ihm konzipierten Systeme, seelischen Energien und seelischen Apparate. Allerdings hat sich das zur Erhellung seelischer Vorgänge verfügbare wissenschaftliche Handwerkszeug seitdem erheblich vermehrt: Freud verwendete Modelle der Hydrodynamik geschlossener Systeme. Heute stehen die Kybernetik, die Chaostheorie und die Theorien der Selbst-Organisation in offenen Systemen, vor allem aber systemtheoretische Vorstellungen über die wechselseitigen Einflüsse auf die Partner einer Dyade zur Verfügung, um nur einige Beispiele anzuführen.

Die Konzepte von „Ich" und „Selbst" in der Psychoanalyse

Für das, was der Laie meint, wenn er „Ich" sagt, hatte man zunächst in der Psychoanalyse keine Definition. Das hing wohl auch damit zusammen, daß man sich ja mit dem Unbewußten befaßte. Das *bewußte* Ich oder das bewußte Selbstgefühl wurden zunächst nicht zum Gegenstand der Analyse. Das Ich, mit dem sich die klassische Psychoanalyse befaßt, ist ein erlebnisferner psychischer Apparat, der definitionsgemäß unbewußt funktioniert: es ist nicht gleichbedeutend mit Begriffen wie Persönlichkeit, Individuum oder Subjekt.

Die große Neuerung, mit der Kohut das psychoanalytische Lehrgebäude erweiterte, war, daß er das „Selbst" und nicht etwa den seelischen Apparat in den Mittelpunkt seiner klinischen und daraus abgeleiteten theoretischen Arbeit stellte.

Das Selbst, mit dem sich Kohut befaßt, bildet nach seiner Auffassung „den inneren Kern der Persönlichkeit". Diese Formulierung kann namentlich im deutschen Sprachgebiet leicht zu Mißverständnissen führen. Während im angelsächsischen Kulturbereich das Wort „the self" Bestandteil der Alltagssprache ist, fühlt man sich hierzulande angesichts des Wortes „Selbst" an subjektivistische Monadenlehren oder idealisistische Vorstellungen vom inneren Wesen des Menschen erinnert. Im Gegensatz etwa zur Lehre C. G. Jungs beschäftigt sich die Selbstpsychologie Kohuts nur mit der Manifestation des Selbst, nicht mit seinem Wesen, das im Bereich des Nichterfaßbaren liegt. Das Selbst ist aus dieser Sicht keine vorgegebene metaphysische Einheit. Ganz im Gegenteil: es entsteht und entwickelt sich im Zwischenspiel mit den Bezugspersonen der frühen Kindheit. Entscheidend für diese Einsicht war die Tatsache, daß diese Entwicklung in spezifischer Weise behindert, gestört sein oder weitgehend unterbleiben kann. Das Resultat besteht in mehr oder weniger weitreichenden Defekten des Selbsterlebens und psychischen Gleichgewichtsstörungen, die die Anfälligkeit für Erkrankungen erheblich steigern. Kohut rekonstruierte die Entstehung des Selbst und seine Beschaffenheit aufgrund spezifischer Übertragungskonfigurationen, nämlich der des „archaischen grandiosen Selbst", das einer spiegelnden Bestätigung, und der eines Selbst, das der Verschmelzung mit einer idealisierten Elternimago bedarf.

Das „bipolare Selbst"

Bei der Entwicklung des Selbst bilden sich nach Kohuts ursprünglicher Auffassung zwei Pole aus. Der eine Pol nimmt seinen Ursprung im Erleben der Verschmelzung mit der idealisierten Elternimago und enthält zentrale idealisierte Ziele. Der andere Pol enthält die Grundlagen der Persönlichkeit für das Streben nach Selbstbestimmung und Selbstdarstellung, Macht und Erfolg. Das „archaische grandiose Selbst" bedarf besonders während seiner Entwicklung einer spiegelnden Bestätigung. Gegen Ende seines Lebens differenzierte Kohut dann beim spiegelungsbedürftigen Selbst noch zwischen Spiegelbedürfnissen im engeren Sinn und dem „Alter-ego-Bedürfnis", sich einem Anderen gleich oder einem Wir zugehörig zu fühlen. Das Selbst konnte dann als „heil" und „kohäsiv" angesehen werden, wenn zumindest in einem Sektor der Persönlichkeit ein ungehinderter Fluß vom „Pol des Ehrgeizes" zum „Pol der Ideale" besteht, wobei Fähigkeiten und Begabungen vermittelnd einwirken, um diesen Spannungsbogen zu schließen.

Charakteristisch für ein kohäsives Selbst ist das Gefühl, eine Einheit in Raum und Zeit zu sein, die Eindrücke aufnimmt und Handlungen in Gang setzt. Ein kohäsives Selbst vermittelt das Gefühl, während des ganzen Lebens die gleiche Person zu sein, unbeschadet der Entwicklungen im körperlichen und seelischen Bereich oder der äußeren Umgebung. Die zuvor angeführten Symptome, die heute so häufig anzutreffen sind, wie Ungewißheit über den Sinn des Lebens, Zweifel an der Realität der eigenen Person oder Arbeitsstörungen, weisen aus der Sicht Kohuts auf ein defektes Selbst hin. Verhaltensweisen wie Sucht, Perversion, Aggression im Dienst einer „Idee" lassen sich aus eben dieser Sicht als Versuche verstehen, das gebrochene oder „fragmentierte" Selbst wieder „ganz" zu machen.

Die Bedeutung der Empathie für das Verständnis des Selbst

Wie kam Kohut zu diesen Erkenntnissen? Er stand zunächst ganz auf dem Boden der traditionellen Psychoanalyse. Lange vor der Formulierung seiner Selbstpsychologie reflektierte er bereits 1959 vom klassischen Freudschen Standpunkt aus die Bedeutung der *Empathie* des Psychoanalytikers für die Psychoanalyse.

Was ist Empathie? Wir beobachten, erfassen und begreifen die Außenwelt durch unsere Sinnesorgane mit oder ohne Zuhilfenahme aller möglichen Instrumente. Man könnte dieses Verfahren als Extrospektion bezeichnen. Etwas ganz anderes ist das Beobachten, Erfassen und Begreifen unserer Innenwelt. Hierbei können wir uns nur teilweise auf äußere Daten stützen. Jeder Leser wird wissen, wie schwer, ja oft unmöglich es ist, zu erfassen, zu begreifen oder gar zu beschreiben, was in uns vor sich geht, wie unsere Gefühle, Befindlichkeiten, Phantasien, Träume und Gedanken sind. Die Beobachtung der eigenen Innenwelt nennt man Introspektion. Empathie – übersetzt: Einfühlung – ist die Anwendung der introspektiven Beobachtungsmethode auf einen anderen Menschen. Empathie üben heißt, sich in einen anderen Menschen in der Weise hineinversetzen, daß man durch „stellvertretende Introspektion" dessen bewußte und unbewußte Erlebniswelt systemimmanent, also im Kontext der eigenen subjektiven Bedeutung dieses anderen Menschen erfaßt.

Introspektion und Empathie bieten wissenschaftlicher Erhellung viel größere Schwierigkeiten als Extrospektion. Man bemüht sich im Bereich der Wissenschaften, alle subjektiven Faktoren auszuschalten, um ein objektives Bild zu gewinnen. Wenn aber schon die moderne Physik beschreibt, daß es Bereiche gibt, in denen wissenschaftliche Objektivität das Subjektive mit einschließt, gilt dieser Einwand noch viel mehr, wenn es um die Aufgabe geht, objektive Daten über ein Subjekt zu erhalten. Mehr noch als in der Physik verändert sich das Subjekt als Beobachtungsgegenstand bei dem Versuch, es objektiv zu erfassen. Daher ist der Zugang zum Subjektiven durch objektiverende Beobachtungsmethoden allein unzureichend. Vielmehr muß die eigene introspektive Erfahrung als wissenschaftliches Instrument eingesetzt werden. Wissenschaftliche Empathie, wie Kohut sie versteht, ist ein hochspezifisches Erkenntnisverfahren, das erlernt und eingeübt werden muß. Selbst Psychoanalytiker benötigen eine besondere Fortbildung, um die empathische Methode Kohuts in der Praxis anwenden zu können. Systematisierte Empathie, wie sie von Kohut entwickelt wurde, setzt keinen Verzicht auf rationale Erkenntnis voraus, sondern sie führt im Gegenteil zu deren Erweiterung, Vertiefung und Differenzierung. Wissenschaftliche Empathie im Sinn Kohuts kann nicht gleichgesetzt werden mit Intuition, subjektiver Einfühlung oder der Beurteilung eines anderen Menschen durch den sogenannten gesunden Menschenverstand. Außerdem ist es besonders wichtig, sich klarzumachen, daß Empathie nichts, aber auch gar nichts mit dem ähnlich klingenden Wort Sympathie zu tun hat. Empathie ist ein Erkenntniswerkzeug, das sowohl zum Nutzen wie zum Schaden – etwa der besseren Manipulation oder Ausbeutung von Menschen – angewendet werden kann (zu letzterem in jüngster Zeit: Schemainda 1999).

Vieles von dem, was Kohut auf Grund seiner klinischen Arbeit über das Wesen und die Bedeutung der Empathie fand, wird heute in zunehmendem Maße von der Erforschung der Entwicklungsschritte einer „Theory of Mind" ergänzt und bestätigt (z. B. Astington, Harris u. Olson 1988;

Butterworth et al 1991; Whiten 1991; Baron-Cohen, Tager-Flusberg u. Cohen 1993; Fonagy et al. 1993; Schwanenflugel et al. 1994; Lewis and Mitchell 1994; Hobson 1995; Mayes u. Cohnen 1996; Harris 1997).

Das Konzept des Selbstobjekts

Die systematische Anwendung der empathischen Be obachtungsmethode vermittelte Kohut die Basis für ein erweitertes Verständnis der Innenwelt seiner Patienten und ihres Verhältnisses zum Analytiker. Er leitete in der Folge aus den so gewonnenen Einsichten ein weiteres wichtiges theoretisches Konzept ab: das Selbstobjekt.

Nach Kohuts Auffassung bedarf das Selbst zu seiner Entstehung wie auch zum psychischen Überleben einer Matrix von Selbstobjekten, ebenso wie der Mensch zum physischen Überleben eine Atmosphäre von Sauerstoff benötigt. Ein Selbstobjekt ist ein Objekt, ohne das die eigene Selbstregulation nicht aufrechterhalten werden kann. Es wird dabei als Teil des eigenen Selbst erlebt. Eine Selbstobjektbeziehung ist demnach ein subjektiver Erlebniszustand und hat gleichzeitig eine objektive Funktion. Eine wesentliche Funktion beginnt entwicklungspsychologisch mit dem Schutz vor Reizüberflutung und der Beruhigung, wenn ein solcher Zustand dennoch eingetreten ist. Daraus entwickelt sich die sogenannte idealisierte Elternimago, mit deren vorgestellter Ruhe und Allmacht das Selbst verschmelzen kann. Die zweite wesentliche Funktion der Selbstobjekte ist die Spiegelung.[1]

Nur wenn die Selbstobjekte im engen Wechselspiel mit dem Kind ihre Funktionen phasenspezifisch ausüben, ent-

1 Weitere Selbstobjektfunktionen wurden von Wolf (1988) beschrieben: Das Bedürfnis, sich einem Selbstobjekt quasi als Alter ego gleich zu fühlen, das Bedürfnis nach aversiver Abgrenzung, das Bedürfnis nach Verschmelzung und Selbsterweiterung, das Bedürfnis nach Effektanz. Da der Begriff des Selbstobjekts aus Übertragungskonstellationen abgeleitet wurde, ließen sich gewiß noch weitere Selbstobjektbedürfnisse differenzieren.

wickelt sich ein reifes, kohäsives Selbst. Wurden die Selbstobjekt-Funktionen mangelhaft ausgeübt, wird das Selbst eine mehr oder weniger beschädigte Struktur haben.

Im Gegensatz zu einem Objekt, das als unabhängiges „Zentrum eigener Initiative" (Kohut 1971) erlebt, benötigt, begehrt oder gehaßt wird, ist ein Selbstobjekt – wie bereits gesagt – dadurch definiert, daß es als nicht vom eigenen Selbst getrennt erlebt wird. Es soll dem Selbst gehorchen wie etwa die eigene Hand. Es wird benötigt, um die Selbstregulation aufrechtzuerhalten.[2]

Psychoanalytiker wie z. B. Freud, Spitz (1957), Jacobson (1964), Mahler und Mitarbeiter (1975) , aber auch nichtanalytische Entwicklungspsychologen wie Piaget hatten angenommen, daß das Neugeborene und Kleinkind zunächst noch nicht zwischen sich und der Umwelt, speziell der für ihn so wichtigen Mutter, unterscheiden kann. (Insofern knüpfte Kohut hier an Befunde an, die andere vor ihm gemacht hatten.) Mahler et al. (1975) beschrieben beispielsweise die „psychologische Geburt des Menschen" als einen während der ersten drei Lebensjahre nach bestimmten Gesetzmäßigkeiten ablaufenden Prozeß, in dessen Verlauf das Kind zwischen sich selbst und den anderen unterscheiden lernt und voneinander getrennte innere Repräsentanzen vom eigenen Selbst und den es umgebenden Objekten aufbaut. Die heutige Entwicklungspsychologie geht allerdings davon aus, daß ein menschliches Neugeborenes bereits nach der Geburt Selbst und Objekt als voneinander getrennt *wahrnimmt*, daß aber eine *mentale* Konzeptualisierung von Selbst und Objekt sich erst schrittweise während der ersten Lebensjahre vollzieht.

---

2 Demgemäß faßt Hartmann (1997, S. 71) die Definitionen des Begriffs „Selbstobjekt" durch Kohut wie folgt zusammen: „Unter Selbstobjekt verstand Kohut (1971, 1977, 1984) diejenige Dimension unseres Erlebens eines Mitmenschen, die mit dessen Funktion als Stütze unseres Selbst verbunden ist. Das Selbstobjekt ist also der subjektive Aspekt einer das Selbst erhaltenden Funktion, zustande gekommen durch die Beziehung zwischen Selbst und Objekt."

Das Selbstobjekt und seine Bedeutung für das Selbst

Durch seine empathische Methode konnte Kohut besonders gut studieren, wie das nicht vom Selbst unterschiedene Objekt erlebt wird und welche Funktion es hat. Kohut ging davon aus, daß in einer durchschnittlich zu erwartenden Umgebung die physiologischen Bedürfnisse des Kindes nach Nahrung, Wärme, Körperpflege und dergleichen befriedigt werden. In Konsequenz dessen befaßt er sich mit den *psychologischen* Grundbedürfnissen, die dem Neugeborenen und Kleinkind durch das Selbstobjekt befriedigt werden müssen. An dieser Stelle wird die Anknüpfung an René Spitz deutlich. Dieser hatte in den fünfziger Jahren durch systematische Untersuchungen festgestellt, daß Säuglinge trotz perfekter Körperpflege krank werden und sterben, wenn ihnen nicht ein Minimum an Affektzufuhr zuteil wird. Kohut spezifiziert das genauer. Er hebt zwei wesentliche Funktionen des Selbstobjekts für das Kind hervor: erstens affektive Spiegelung, damit sich das Kind im Wechselspiel mit seinen Pflegepersonen selbst kennen und erkennen lernt. Zweitens Schutz vor Reizüberflutung, zum Beispiel vor anhaltendem Hunger, Kälte, aber viel allgemeiner noch vor unerträglichen Zuständen von Spannung, Angst oder Panik. Die Verschmelzung mit einem beruhigenden Objekt, zum Beispiel der Mutter, die das schreiende Kind in den Arm nimmt und wiegt, noch bevor sie ihm zu trinken gibt, legt den Grund für das Urvertrauen, aber auch für Selbstsicherheit. Ein Objekt, das zu solcher Beruhigung in der Lage ist, wird später als idealisierte Elternimago wesentlich für den Pol der Ideale im bipolaren Selbst.

Kohut befindet sich in voller Übereinstimmung mit der neueren Entwicklungspsychologie, wonach das Kind nicht, wie Freud es formulierte, ein „polymorph-perverses Triebbündel“ ist, das erst einen Kontrollapparat entwickeln muß, um mit dessen und der Umwelt erzieherischer Hilfe diese Triebe zu zähmen, auf daß sie nicht zu ungestüm auf Abfuhr drängen. Der Mensch wird bereits als Mensch geboren, und nicht etwa als wildes Tier, das domestiziert werden muß.

Das vielberufene und verkannte Tier im Menschen kommt erst dann zum Vorschein, wenn die menschliche Umgebung dadurch versagte, daß sie unmenschlich war. Nicht die Abfuhr unerträglicher Triebspannungen allein ist die Grundlage der menschlichen Motivation. Bereits das neugeborene Kind wendet sich aktiv seiner Umwelt zu. Es regt sich, drückt seine Befindlichkeiten aus, verlangt nach Zuwendung der Umwelt und bildet im Wechselspiel mit ihr ein Selbstgefühl und jenes bipolare Selbst aus, das nach Kohuts Auffassung primär zum Motor menschlicher Gefühle und Handlungen wird. Die angeborenen Triebe kommen erst dann in pathologischer Weise zur Geltung, wenn die überformende Konfiguration des Selbst zerbricht, die physiologisch durch die überformenden neuronalen Integrationsstufen des Großhirns ermöglicht wird. Demgemäß ist Desintegrationsangst des Selbst die primärste und schlimmste Angst, nicht aber, wie Freud noch annahm, die Kastrationsangst als Folge des Durchbruchs zu zähmender inzestuöser Wünsche.

Entstehung des Selbst

Zunächst ist das sich entwickelnde Selbst nur zusammen mit einem Selbstobjekt stabil. Für den Säugling, ist die Mutter wie selbstverständlich da, er spürt demgemäß auch keine Abhängigkeit von ihr. Es gibt nur Mutter und Baby *zusammen* (Winnicott 1963). Da jedoch die Mutter nicht imstande ist, alle Zustände und Bedürfnisse ihres Kindes zu erfassen und zu befriedigen, kommt es im guten Fall zu kleinen „optimalen Frustrationen“; sie führen dazu, daß das Kind das, was vom Selbstobjekt erwartet wurde, in eigener Regie ausführt. Dabei bildet es innere Strukturen aus, die ihm das ermöglichen. Eine Frustration traumatischen Ausmaßes hingegen würde zu Desintegration, Panik, schließlich zu Abwehr und Vermeidungsmanövern führen, die wesentliche Teile der Person unentwickelt lassen. Nicht der Triebkonflikt ist nach Kohut Ursache einer Persönlichkeitsstörung, sondern ein derart entstandenes Entwicklungsdefizit, eine angehaltene oder fehlgelaufene Entwicklung. Diese Postulate Kohuts und der Selbstpsychologie werden von der modernen Säuglingsforschung, insbesondere auch der Bindungstheorie bestätigt (Spangler u. Zimmermann 1995). Eine „sichere Bindung entsteht dann, wenn das Mutter-Kind-Paar imstande ist, Fehleinstellungen oder Entgleisungen des präverbalen wie verbalen Dialoges zu reparieren".

Die klassische Analyse nahm an, daß es zu einer sowohl kognitiven wie gefühlsmäßigen innerpsychischen Trennung von Selbst und Objekt komme. Von diesem Zeitpunkt an galt der Mensch in der klassischen Sicht als psychisch autonomes Wesen, das hinsichtlich seiner zentralen Regulationen von Selbstobjekten wie von anderen Objekten unabhängig existieren kann. Dies galt zumindest im Normalfall einer Entwicklung ohne gravierende Defekte. Kohut entdeckte jedoch, daß der Mensch sein Leben lang Selbstobjekte braucht. Auch diese Hypothese wird heute durch die Befunde der Bindungstheorie bestätigt. Wir leben demnach eingebettet in eine Matrix von Selbstobjekten, die ebenso notwendig sind zum psychischen Überleben wie der Sauerstoff der uns umgebenden Atmosphäre für das körperliche Überleben. Wohl aber machen sowohl das Selbstobjekt als auch das Selbst eine Entwicklung von archaischen zu reifen Formen durch. Archaische Größenvorstellungen, kindliche Darstellungs- und Idealisierungswünsche, absolute egozentrische Verfügungsansprüche über das Selbstobjekt wandeln sich zu realistischer Selbstachtung und Einsicht in die eigene Vergänglichkeit. Empathiefähigkeit und die Bereitschaft, anderen als Selbstobjekt zu dienen, weiten sich aus; aus kindlichen Idealisierungswünschen wird die Möglichkeit, sich zu begeistern, große Menschen als Vorbilder zu bewundern, das eigene Leben, die eigenen Taten den verehrten Gestalten nachzubilden (Kohut 1966).

Wandlungen des Selbstobjektes in der Lebensgeschichte

Auch die Selbstobjekte und ihre Funktionen wandeln sich im Laufe einer gesunden Entwicklung. Sie haben eine eigene Entwicklungslinie von archaischen zu reifen Formen, wie dies insbesondere durch E. S. Wolf (1988) beschrieben wurde. Zunächst ist fast ausschließlich die Mutter oder Pflegeperson das Selbstobjekt, auf das sich alle Bedürfnisse richten. Später weitet sich die Selbstobjektfunktion von einer auf mehrere Personen wie Vater, Geschwister, die ganze Familie, Freunde, die Gruppe oder Lehrer aus. Die Selbstobjektbedürfnisse werden diffuser und verlieren an Intensität. An die Stelle von lebenden Menschen können Helden aus der Vergangenheit, die Natur, Kunst, besondere Interessen, aber auch Symbole treten. Reife Religiosität, Eintreten für gemeinsame Kulturziele und Werte, für eine Idee oder gute Sache, die Identifikation mit einer größeren Gruppe oder mit der Nation ersetzen allmählich den Wunsch nach einem vollkommenen Ideal.

Anwendungsweisen des Kohutschen Modells

Kohuts Modell theoretisiert das bipolare Selbst und seine Bedürfnisse nach Selbstdarstellung, Selbstbestätigung, Werten und Idealen. Diese Theoriegestalt kann zum Verständnis des menschlichen Wesens, der augenblicklichen politischen Umstände und der Geschichte wichtige Aussagen beitragen, die hier nur angedeutet werden können. Werden Kriege geführt, weil Menschen angeborene Aggressionstriebe haben oder aus Angst, aus gekränktem Nationalstolz? Die Vorgänge in Irland, Israel und Kosovo sind traurige Beweise für letztere Hypothese. Wird Besitz erstrebt, weil er den Besitzenden Macht verleiht oder weil er ihr Selbstgefühl steigert? Wird ein verkümmertes Selbstgefühl durch Drogen erweitert oder handelt es sich nur um primitive orale Bedürfnisbefriedigung? Ist die große Sehnsucht nach einer besseren (grünen oder alternativen) Welt, die Auflehnung gegen Obrigkeit, die Studentenrevolte Ausdruck eines nicht gelösten Ödipuskomplexes, der nun nachgeholt wird, oder Ausdruck der Lebensnotwendigkeit von Idealen, die die Eltern in nicht glaubhafter Weise darstellten oder vermittelten?

Die Heilung des Selbst in der Analyse

Hauptanwendungsgebiet der Selbstpsychologie ist jedoch im Augenblick noch die therapeutische Arbeit mit den psychisch Kranken der heutigen Zeit, zu deren Verständnis und Behandlung Kohut grundlegende Beiträge geleistet hat. Die Triebprobleme, die die Patienten haben, erweisen sich dabei sehr oft als vordergründige Teilaspekte. Wohl fühlen sich Menschen „getrieben". Dies ist ein psychologischer Tatbestand, der jedoch mehr mit Spannungen im Selbst als mit angeborenen, biologisch fundierten Trieben zu tun hat.

Im Zentrum der Betrachtung steht das Selbst des Patienten, das ganz oder teilweise archaisch geblieben oder von Fragmentierung und Desintegration bedroht ist, weil die Selbstobjekte der Kindheit entweder nicht in phasengemäßer Weise auf die Bedürfnisse des Kindes eingegangen sind oder nicht „optimal frustriert" haben. In der Analyse kann der in der Kindheit abgebrochene Prozeß wieder aufgenommen werden. Der Analytiker wird für den Patienten zum Selbstobjekt. Damit leben die alten, mit den Selbstobjekten der Kindheit verbundenen Hoffnungen, Ängste und Erwartungen wieder auf. Der Analytiker soll bestimmte Funktionen für den Patienten ausüben, beispielsweise die der Spiegelung. Oder der Patient benötigt den zum Ideal erhobenen Analytiker, um von ihm zu hören, was er tun soll. Der Analytiker befriedigt diese Wünsche zwar nicht, macht aber dem Patienten klar, daß er sie *versteht*, wie die empathische Mutter die Gefühle ihres Kindes erfaßte und teilte. Hat der Patient erst einmal das gefühlsmäßige Band des Verstandenseins zum Analytiker entwickelt, folgt als zweiter Schritt eine *Deutung*. Sie setzt die Gefühle des Patienten gegenüber dem

Analytiker in Beziehung zu den Erlebnissen seiner Vergangenheit. Der Akt der Deutung selbst ist aber keine Wunschbefriedigung. Sie entspricht im Gegenteil dem, was unter „optimaler Frustration“ zu verstehen ist. Sie setzt jene Strukturbildung in Gang, die den Patienten dazu befähigt, die vom Analytiker für den Patienten ausgeübte Funktion nunmehr selbst zu übernehmen.

Die alten Enttäuschungen am Selbstobjekt bewirken auch in der Analyse große Empfindlichkeit, extrem leichte Kränkbarkeit mit anschließender schwerer Aggression beziehungsweise narzißtischer Wut und Rückzug vom Analytiker. Es ist nicht verwunderlich, daß viele Analytiker diese Angriffe als ungerechtfertigt erleben und daraus den Schluß ziehen, solche Patienten seien beziehungslos, machten die ihnen angebotene Hilfe zunichte, seien nicht analysierbar. Dabei wird oft vergessen, daß derartige Reaktionen eigentlich folgerichtig sind: der Patient kommt in die Analyse mit dem Wunsch, endlich verstanden zu werden. Die Analytiker klassischer Prägung hingegen glaubten, dem Patienten seinen „Charakterpanzer“ zerschlagen zu müssen, mit dem er sich gegen frühere Verletzungen schützt und der ihn jetzt an einem gesunden, normalen Leben hindert. Die Frage, ob das, was der Patient in der Analyse ausdrückt, dem Erkenntniswiderstand dient und daher als Abwehr hinterfragt werden muß, oder ob das, was der Patient ausdrückt, eine Berechtigung hat, wirft oft große Zweifel beim Analytiker auf. Es hilft dann nur Empathie, sich in den Patienten hineinzuversetzen, zu fragen, wie die letzten Analysestunden gelaufen sind, in welchem genetischen und gegenwärtigen Zusammenhang der Patient eben diese oder jene Äußerung tut. Dann wird es möglich sein, und auch dies erst, wenn man den Patienten schon längere Zeit kennt, zu entscheiden, was er wirklich ausdrückt. Ziel der Analyse ist es, die angehaltene oder fehlgelaufene Entwicklung des Selbst zu stabilisieren, so daß es sich anderen Selbstverwirklichungen, anderen Idealen und Selbstobjekten in reiferen Formen zuwenden kann als zuvor. Ein weiteres Ziel der Analyse wäre die Fähigkeit zu gegenseitiger Empathie. Empathie heranzubilden würde zu der Einsicht führen, daß jeder den anderen als Selbstobjekt braucht und anerkennt, daß der andere ein Zentrum eigener Initiative ist und *nicht* nur den Bedürfnissen seines Gegenübers zu folgen hat.

Zunächst aber muß der Analytiker an- und auf sich nehmen, daß der Patient ihn als Selbstobjekt benötigt, um als solches die zunächst fehlende Struktur des Patienten auszufüllen. Vorübergehend wird dadurch der Analytiker für den Patienten zu einem Teil von dessen Selbst. Er muß über lange Wegstrecken der Analyse ertragen, daß er vom Patienten nicht so gesehen wird, wie er sich selbst erlebt, sondern als Instrument gebraucht oder zum Ideal hochstilisiert wird. Erst durch die Analyse der Beziehung, die sich zwischen dem Selbst des Patienten und dem Analytiker als Selbstobjekt ausbildet, kann jene Entwicklungshilfe geleistet werden, die dem Patienten zur weiteren Reifung und Strukturbildung verhilft. Wenn der in seinem Selbst gestörte Patient immer wieder seine Enttäuschung an früheren Selbstobjekten und seine fehlgeschlagenen Erwartungen am Analytiker ausläßt, interpretiert der Analytiker klassischer Prägung, daß der Patient jetzt dies oder jenes mit ihm *macht*. Der Analytiker mit empathischer Haltung wird danach fragen, was er augenblicklich für den Patienten *ist*. Er wird nach dem Warum fragen, nach der Berechtigung und Begründung des Verhaltens des Patienten, sei es auch noch so unangenehm für den Analytiker.

Wie in der Physik, erhält man auch in der Psychoanalyse ein anderes Bild je nach dem Beobachtungsstandpunkt, den man einnimmt: den des neutralen Beobachters oder den der wissenschaftlich geschulten Empathie. Vom ersteren Standpunkt aus sieht man besonders die Konflikte der Menschen, vom letzteren aus ihre Zerbrechlichkeit und Kränkbarkeit, ihr Leid, ihre Scham, aber auch ihren Wunsch nach Selbstverwirklichung, ihr Ringen um eine Identität im Wandel der Zeiten. In der Selbstobjektübertragung kann der Analytiker das Schöpferische, die kreative Potenz, die in jedem Menschen steckt, erspüren und mit ihm daran arbeiten, daß sich die Möglichkeiten zu ihrer Verwirklichung vergrößern. (In dieser Hinsicht wird Kohuts analytischer Zugang den Anforderungen der heutigen Zeit vielleicht besser gerecht als der ursprüngliche von Freud.)

Zu Freuds Zeiten ging es darum, Menschen im Lebenskampf konfliktfähig zu machen. Heute geht es darum, gegenseitig Empathie zu üben und kreativ zu werden.

Kohuts analytische Theorie läßt sich mit den heutigen Erkenntnissen der Biologie, Neurophysiologie und Neuropsychologie, der System- und Kommunikationstheorie und der Theorie der dissipativen Strukturen gut vereinbaren. Sie fügt sich in dieses Ensemble von Wissenschaften unvergleichlich besser ein als die Triebtheorie von Freud. Kohut, der Theoretiker und Ästhet, der Arzt und Autor, hat uns die Möglichkeit für ein besseres Verständnis des Wesens des Menschen unserer Zeit gegeben, für ein besseres Verständnis der Menschen untereinander. Angesichts der zunehmenden Globalisierung wird es immer wichtiger, den anderen, den Fremden in seiner Andersartigkeit zu verstehen, indem man vorübergehend einen Empathieversuch ihm gegenüber unternimmt. Wobei wohl zu unterstreichen ist, daß empathisches Verstehen, so wie es von Kohut postuliert wurde, *nicht* verlangt, daß man den eigenen Standpunkt aufgibt.

Die Diskussion über dieses Thema ist heute aktueller denn je.

Literatur

Astington, J.; Harris, P.; Olson, D. (Hg.) (1988): Developing Theories of Mind. Cambridge.

Baron-Cohen, S.; Tager-Flusberg, H.; Cohen, D. (1993): Understanding Other Minds: Perspectives from Autism. Oxford.

Butterworth, G.; Harris, P.; Leslie, A.; Wellman, H. (Hg.) (1991): Perspectives on the Child's Theory of Mind. Oxford.

Emde, R. (1988): The effect of relationships on relationships: a developmental approach to clinical intervention. In: Hinde, R.; Stevenson-Hinde, J. (Hg.): Relationships within Families. Oxford, S. 354–364.

Fonagy, P.; Moran, G.; Edgecumbe, R.; Kennedy, H.; Target, M. (1993): The Role of mental representations and mental processes in therapeutic action. The Psychoanalytic Study of the Child 48: 9–48.

Freud, S. (1923): Das Ich und das Es. G. W. Bd. XIII, Frankfurt a. M., S. 235–289.

Harris, P. (1997): The child's understanding of emotion: developmental change and the family environment. J. Child. Psychol. Psychiat. 35: 3–28

Hartmann, H. P. (1997): Narzißtische Persönlichkeitsstörungen. Psychotherapeut 42: 69-84.

Hobson, P. (1995): Autism and the Development of Mind. Hillsdale, NJ.

Jacobson, E. (1964): Das Selbst und die Welt der Objekte. Frankfurt a. M., 1973.

Kohut, H. (1959): Introspektion, Empathie und Psychoanalyse. Zur Beziehung zwischen Beobachtungsmethode und Theorie. Psyche 25: 831–855.

Kohut, H. (1966): Formen und Umformungen des Narzißmus. Psyche 20: 561–587.

Kohut, H. (1971): Narzißmus. Frankfurt a. M., 1976.

Kohut, H. (1977): Die Heilung des Selbst. Frankfurt a. M., 1979.

Kohut, H. (1984): Wie heilt die Psychoanalyse? Frankfurt a. M., 1989.

Lewis, C., Mitchell; P. (Hg.) (1994): Children's Early Understanding of Mind, Origins and Development. Hove.

Luborsky, L. (1994): Therapeutic alliances as predictors of psychotherapy outcomes: Factors explaining the predictive success. In: Horvath, A.; Greenberg, L. (Hg.): The Working Alliance: Therapy, Research and Practice. New York, S. 38–50.

Luborsky, L.; McLellan, A.; Woody, G.; O'Brien, C.; Auerbach, A. (1985): Therapist, success and its determinants. Archives of General Psychiatry 42: 602–611.

Mahler, M. S.; Pine, F.; Bergman, A. (1975): Die psychische Geburt des Menschen. Frankfurt a. M., 1978.

Mayes, L.; Cohnen, D. (1996): Children's developing theory of mind. J. Amer. Psychoanal. Ass. 44: 117–142.

Orlinsky, D.; Grawe, K.; Parks, B. (1994): Process and outcome in psychotherapy – noch einmal. In: Bergin, A.; Garfield, S. (Hg.): Handbook of Psychotherapy and Behaviour Change 4. New York, S. 270–378.

Psychoanalytisches Seminar Zürich (1981): Die neuen Narzißmus-Theorien. Zurück ins Paradies? Frankfurt a. M.

Schemainda, F. (1999): Empathie und Manipulation. In: E. Bartosch (Hg.): Wunden der Seele – Chancen der Heilung. Wien, S. 153–162.

Schwanenflugel, P.; Fabricius, W.; Joyce, A. (1994): Developing tTheories of mind: understanding, concepts, and relations between mental activities. Child Development 66: 1546–1563.

Spangler, G.; Zimmermann, P. (Hg.) (1995): Die Bindungstheorie, Grundlagen, Forschung und Anwendung. Stuttgart.

Spitz, R. (1957): Die Entstehung der ersten Objektbeziehungen. Stuttgart.

Stern, D. N. (1985): Die Lebenserfahrung des Säuglings. Stuttgart, 1992.

Stern, D. N.; Sander, L. W.; Nahum, J. P.; Harrison, A. M.; Lyons-Ruth, K.; Morgan, A. C.; Bruschweiler-Stern, N.; Tronick, E. Z. (1998): Non-interpretative mechanisms in psychoanalytic therapy: The „something" more than interpretation. Int. J. Psychoanal. 79: 903–922.

Whiten, A. (Hg.) (1991): Natural Theories of Mind. Cambridge.

Winnicott, D. W. (1963): Von der Abhängigkeit zur Unabhängigkeit in der Entwicklung des Individuums. In: Reifungsprozeß und fördernde Umwelt. München, 1965, S. 110.

Wolf, E. (1988): Theorie und Praxis der pychoanalytischen Selbstpsychologie. Frankfurt a. M., 1996.

Paul Ornstein

Mein Verständnis der Psychoanalyse und des psychoanalytischen Prozesses

Summary: My understanding of psychoanalysis and of the psychoanalytic process

As an introduction to his debate with Otto Kernberg the author gives a concise presentation of his self psychological understanding of the psychoanalytic process. Of major importance is the concept of empathy as a systematic mode of observation. The goal is to find for each specific patient a taylor made suit which really fits him/her. The prerequisite is a deep immersion into the patient's inner world. What this means in respect to a new paradigm becomes clearer when one can understand how modern self psychology uses the concept of selfobject. To understand the self-selfobject relationship in the transference is the king's road of self psychological psychoanalysis. The theoretical use of the three major self psychological transference forms mirroring, idealizing, and alter ego (twinship) provide a framework for entering into the strength and vulnerabilities of the patient's inner world. Anxieties in regard to retraumatization must be taken into account. But the analyst can only fully understand this process, especially when there is a misunderstanding, when he/she is prepared to consider their own role in the interaction. The key to understand remains the patient's subjective experience, never the analyst's knowledge. This is illustrated in the presentation of two clinical vignettes.

Ich begrüße die Herausforderung, eine knappe Zusammenfassung der wesentlichen Elemente meines von der Selbstpsychologie geprägten Verständnisses des psychoanalytischen Behandlungsprozesses zu geben.

In allen Spielarten von Psychoanalyse bestimmen gewisse Annahmen von Gesundheit und Krankheit, von Entstehung und Natur psychopathologischer Störungen wie auch vom Wesen der Kur selbst, ganz entscheidend die Durchführung und den Prozeß der Behandlung. Daher möchte ich meiner Beschreibung der Durchführung und des Prozesses der Psychoanalyse einige wenige Worte über Entwicklung, Psychopathologie und Heilung voranschicken. Die Fragen der Durchführung werden aber mein Hauptanliegen sein. Von Anfang an möchte ich die zentrale Bedeutung betonen, die der Empathie als einer systematischen Beobachtungsmethode zukommt. Sie ist ein unentbehrliches Werkzeug, das zur Erkennung der verschiedenen Selbstobjektübertragungen nötig ist. Empathisch zu verstehen, welcher Art diese Übertragungen sind, liefert mir die Richtung des Weges, den ich beschreiten muß, um auf das subjektive Erleben meines Patienten in geeigneter Weise und mit angemessener „Responsivität" einzugehen. Empathische Responsivität ist ein patientenbezogener „Maßanzug", den der Behandler „schneidern" muß. Daraus ergibt sich ein zentraler Gesichtspunkt, der oft nicht klar genug gesehen wird. Es bedarf eines anhaltenden und nicht etwa nur eines sporadischen empathischen „Eintauchens" in das subjektive Erleben des Patienten. Der Zugang zu den Selbstobjektübertragungen, der durch anhaltende Empathie ermöglicht wird, ist der direkteste Weg – der Königsweg –, um zu einer zutreffenden Vorstellung vom Inneren des Patienten zu gelangen. Mein analytisches Bemühen ist von Anfang bis Ende der Analyse darauf ausgerichtet, das subjektive Erleben des Patienten zu erfassen und ihm probeweise mitzuteilen, was ich verstanden zu haben glaube. Und dies setzt sich, während wir in der Analyse fortschreiten, vom Anfang bis zum Ende so fort. Bevor ich Ihnen Einzelheiten dieser Arbeitsweise vorstelle, möchte ich Ihnen einen kurzen Überblick über die Grundlagen der Selbstpsychologie geben.

Das anhaltende empathische „Eintauchen" in das Innenleben des Patienten während der ganzen Analyse war der Schlüssel zu Kohuts Neuformulierung des Wesens der Übertragung – und damit auch der psychoanalytischen Theorie und der Behandlung als Ganzem. Für Kohut waren Beobachtungmethode und Theorie eng miteinander verflochten. Daher waren Entwicklung, Psychopathologie, klinische Theorie und die Auffassungen von den Grundlagen des Heilungsprozesses aus dem gleichen Stoff gewebt. Das Ganze dieser verflochtenen Kernbestandteile macht das „System" der Selbstpsychologie aus.

Kohut erkannte in der Phase des Durcharbeitens drei Übertragungskonstellationen. In der ersten (1) schließt der Patient den Analytiker in sein *Selbsterleben* ein. Der Analytiker bedeutet ihm nur in dem Ausmaße etwas, wie er die Funktionen erfüllt, die ihm vom Patienten *unbewußt* zugewiesen werden, wenn er nämlich Bekräftigung, Bestätigung, Bewunderung, beziehungsweise jede Menge selbstbestätigender Reaktionen auf sein subjektives Erleben erwartet. Kohut nannte dies eine „Spiegelübertragung". Der Patient remobilisiert darin die unerledigten Kindheitsbedürfnisse, deren mangelnde Erfüllung strukturelle Defizite der Entwicklung gewisser Fähigkeiten seines Selbst zur Folge hatten. Dazu gehören unter anderem die Selbstwertregulation, die Freude an eigener mentaler und körperlicher Betätigung, ferner die Verfolgung eigener Zwecke und Ziele – kurz, all das, was dem „Pol der Selbstbestätigung" des bipolaren Selbst zuzurechnen ist.

In einer zweiten Konstellation (2), die ganz anders aussieht, stellt der Patient den Analytiker auf ein Podest. Er sieht ihn als erhabene, mächtige und allwissende Figur, während er sich selbst als schwach und unbedeutend empfindet. Indem er sich als Teil des Analytikers erlebt (mit dessen Macht und Omnipotenz er „verschmilzt"), leiht er sich jene Stärke aus, die ihm selber fehlt. Kohut nannte dies eine „idealisierende Übertragung", in der der Patient seine Suche nach Idealen und Werten remobilisiert, die er während seiner Entwicklung nicht hatte finden und erwerben können. Es sind dies die Inhalte, die zum „Pol der Ideale und Werte" des bipolaren Selbst gehören.

In einer dritten Konstellation (3) braucht der Patient die Erfahrung, daß der Analytiker so ist wie er selbst. Er braucht die Gewißheit, uneingeschränkt akzeptiert und bestätigt zu werden. Diese Gewißheit wird durch die Vorstellung erleichtert, der Analytiker sei dem Patienten ähnlich oder gleich, so als wenn er dessen Abbild oder innerer Zwilling wäre. Das Erleben von Gleichheit ermöglicht die Entfaltung von Fähigkeiten und Talenten, die in einer bestätigenden Beziehung unter Gleichen und Gleichwertigen gut gedeihen. Kohut nannte dies eine „alter ego"- oder „Zwillingsübertragung", ein Erleben, in dem ein gleichgesinntes „Selbstobjekt" die Funktion übernimmt, dem Patienten das Gefühl zu geben, daß er zur Gemeinschaft der Menschen gehört. Diese Art von Selbstobjektmilieu führt zum Erwerb von Fähigkeiten und zur Ausbildung von Talenten, die dann dem bipolaren Selbst zur Verfügung stehen.

Das Konzept der Selbstobjektübertragung bildete die Quelle einer weiterführenden klinischen, theoretischen und entwicklungspsychologischen Konzeption des Selbstobjektes und seiner Funktionen. Darin wurzelt die erlebnisnahe Grundkonzeption der Selbstpsychologie. Die empirische Methode der Empathie führte zur Erkenntnis und zur Anerkennung der Tatsache, daß Patient und Analytiker auf der Ebene des Erlebens nicht als zwei getrennte Individuen in „Beziehung stehen". Vielmehr erlebt der Patient – wie schon gesagt – den Analytiker als Teil seiner selbst, oder er erlebt sich selbst als Teil des Analytikers. Diese Einsicht hatte eine radikale Wandlung des Übertragungskonzepts in der Selbstpsychologie zur Folge.

Aufgrund der empirischen Daten, die beim Durcharbeiten von Selbstobjektübertragungen gewonnen wurden, entwarf Kohut eine neue Theorie der Persönlichkeitsentwicklung in Gesundheit und Krankheit, ferner vom Wesen psychopathologischer Störungen und schließlich vom psychoanalytischen Heilungprozeß. Damit schuf er ein neues Paradigma in der Psychoanalyse, aufgrund dessen sich nicht nur das Verständnis der Therapie, sondern vor allem die praktische Handhabung einer therapeutischen Analyse tiefgreifend veränderte. Meine nun folgende Beschreibung wird die wesentlichen Elemente des neuen Ansatzes beleuchten, den ich zur Zeit praktiziere – eines Ansatzes übrigens, der sich seit seiner Entstehung weiter entwickelt und verändert.

Vorwegschicken möchte ich, daß mein konsistentes, *anhaltendes empathisches Eintauchen* jene Einstellung der Beobachtung ist, die in der Psychoanalyse eine Atmosphäre zu schaffen vermag, in der die *pathognomonische Selbstobjektübertragung* spontan auftauchen kann. Diese Beobachtungshaltung, verknüpft mit einer werturteilsfreien, konfrontationsabstinenten und wirklich *zur Akzeptanz bereiten* Einstellung gegenüber allem, was auch immer der Patient in seine Stunden bringt, trägt zur Entwicklung von *Vertrauen* und einem *Gefühl von Sicherheit* bei. Vertrauen und Sicherheit sind Vorbedingungen für das Auftauchen bislang zurückgehaltener und behinderter archaischer Wünsche, Bedürfnisse, Sehnsüchte und Phantasien – die den spezifischen Inhalt der Selbstobjektübertragungen bilden. Der Fokus liegt im subjektiven Erleben des Patienten, wozu auch gehört, wie er mich erlebt. Seine Stärken und seine Verletzbarkeiten sind meine Eintrittspforte in seine innere Welt. Das Auftauchen des subjektiven Erlebens wird durch „Widerstände" erschwert und behindert, die durch die Furcht vor einer Retraumatisierung ausgelöst werden. Meine empathische Zugangsweise zum subjektiven Erleben des Patienten wird von meinem eigenen Selbstwissen, meiner Weltanschauung und der von mir bevorzugten Theorie – also der Selbstpsychologie – geleitet. Was der Patient in unsere analytische Begegnung einbringt und was ich als Analytiker einbringe, wird den Inhalt und die Natur des sich entfaltenden Prozesses determinieren. Das Wesen der psychoanalytischen Beziehung wird daher davon bestimmt, was jeder von uns beiden in diesen Emergenzprozeß[1] – einbringt. Darin liegt ein entscheidender Beitrag zu einem günstigen oder ungünstigen Verlauf.

---

1 von Emergenz = Entwicklung in steigenden Stufen; der Hg.

Wenn man die Empathie in den Mittelpunkt der Perspektive des Zuhörens stellt, bedeutet dies nicht, daß zwangsläufig nicht auch andere Beobachtungsweisen aktiviert werden. Diese müssen jedoch der Methode der Empathie untergeordnet werden. Die Unterordnung bedeutet, daß alle anderen Aspekte in der psychoanalytischen Situation – seien es auftauchende lebensgeschichtliche Daten, angewendete Theorien oder persönliche Reaktionen des Analytikers auf den Patienten – daß alle diese Aspekte in den Dienst der Vertiefung des empathischen Prozesses gestellt werden müssen.

Ich reagiere auf das, was der Patient bringt, mit der Bemühung, den unmittelbaren Kontext seines Erlebens zu verstehen und *später* auch zu erklären. Im weiteren Verlauf gehören dazu auch vorangegangene Ereignisse. Ich teile dem Patienten mit, wie ich sein Erleben zu verstehen glaube. Das tue ich immer wieder von neuem, und zwar von Anfang an, um damit zu zeigen, wie ich zuhöre und wie ich zu verstehen suche, was der Patient in seine Stunden bringt. Ich bin offen dafür, korrigiert zu werden, wenn ich auf der falschen Spur bin. Dies ist eine Methode, um den Patienten emotional zu *engagieren*, auch selbst seinen Anteil an der analytischen Arbeit zu übernehmen. Ohne ein solches Engagement fehlt dem analytischen Dialog möglicherweise die Verbindlichkeit oder der emotionale Gehalt. Es bleibt bei einer bloßen intellektuellen Übung oder einem iatrogenen Duell, das oft als anhaltender Widerstand mißverstanden wird. Durch meine Bemühung, den Patienten zu engagieren, wird auch seine Neugierde auf sein eigenes Innenleben geweckt. Meine Reaktionen unterstreichen die Berechtigung des Patienten, seine zuvor zurückgehaltenen, blockierten Bedürfnisse wie auch seine augenblicklichen Strebungen in der Übertragung auszudrücken, um auf diese Weise zu einem verspäteteten Erwerb jener Fähigkeiten zu gelangen, die unentwickelt blieben oder nicht ausreichend konsolidiert wurden.

Vertrauen und Sicherheit entwickeln sich nicht für immer und ewig. Sie werden vom Patienten die ganze Analyse hindurch getestet, und sie erfordern besondere Aufmerksamkeit, wenn durch eine unempathische Reaktion die Übertragung zerbricht. Dies zum Beispiel durch ein Mißverständnis oder eine wertende Bemerkung, die die Selbstachtung des Patienten verletzt. Für die „Reparatur" des Bruchs ist es wesentlich, festzustellen, was im „Hier und Jetzt" dazu geführt hat, und – wenn es angebracht ist – meinen eigenen Beitrag zu dem Geschehenen anzuerkennen. Eine erfolgreiche „Reparatur" der Übertragung führt immer zu einer Wiederbelebung von Erinnerungen an frühere, ähnlich schmerzliche Kränkungen, die die spezifischen Verletzlichkeiten des Patienten enthüllen. Diese Abfolge von Zerbrechen und Reparatur trägt in bedeutsamer Weise zur erforderlichen „Strukturbildung" bei, die einen wesentlichen Bestandteil der Heilung darstellt. Aber natürlich wird ein verletzliches Selbst auch in den Phasen gestärkt, in denen es sich ohne Unterbrechung des Dialogs verstanden fühlt. Sie sind daher eine *conditio sine qua non* für die analytische Heilung. Das Ende der Analyse ist erreicht, wenn der Patient sich unschwer und erfolgreich selbst bestätigen und behaupten kann und/oder wenn er sich die zuvor fehlenden internalisierten Werte und Ideale angeeignet hat. Die wichtigste Errungenschaft, die anzeigt, daß das Ziel der „Heilung" erreicht ist, ist an der Fähigkeit des Patienten zu erkennen, sich in seinem postanalytischen Leben ein Milieu von akzeptierenden Selbstobjekten zu schaffen.

Ich möchte noch etwas darüber sagen, wie Patient und Analytiker dieses Ziel erreichen. Zunächst möchte ich noch einmal betonen, was es bedeutet, daß wir dem subjektiven Erleben des Patienten folgen. Denn das ist der Schlüssel zu einer Analyse im Sinne der Selbstpsychologie. Die Selbstpsychologie geht davon aus, daß die Mitteilungen von Patienten ungeachtet ihres manifesten Inhalts von dem fundamentalen Bedürfnis durchdrungen werden, vom Analytiker gesehen und gehört und als derjenige bestätigt zu werden, der man ist. Es ist immer die Schicht unter der Oberfläche, die Patienten einerseits zeigen, andererseits aber auch verbergen möchten. Sie möchten sehr wohl ihr inneres Erleben offenbaren und dieses Erleben bestätigt erhalten, und sie möchten es zugleich auch verbergen, weil sie sich vor Fehlinterpretationen und vor der Zurückweisung ihres inneren Erlebens schützen möchten. Darin besteht die „Abwehr" gegen das Angstgespenst der Re-Traumatisierung. Aufgabe des Therapeuten ist es, den eben erwähnten Konflikt in seiner jeweiligen Besonderheit zu erkennen und in Worte zu fassen. Nur wenn das Bedürfnis, das innere Erleben zu verbergen, vorurteilslos akzeptiert wird, wird der Patient letzten Endes und mit weniger Widerstand dazu bereit sein, seine Bedürfnisse, Wünsche, Sehnsüchte und Phantasien mitzuteilen. Und das setzt ihn in die Lage, seine Affekte adäquat auszudrücken oder sie für sich zu behalten, sein Selbstwertgefühl adäquat zu regulieren, seine Ziele relativ ungehindert zu verfolgen und seine geistigen und körperlichen Fähigkeiten mehr zu genießen.

Man kann diesen Prozeß auch als Vertiefung der Selbstobjektübertragung bezeichnen. In dieser Übertragung sind Vergangenheit und Gegenwart untrennbar miteinander verknüpft. In der traditionellen Psychoanalyse lag der Schwerpunkt der Deutungsarbeit auf der Vergangenheit und darauf, daß und inwiefern sie das Erleben der Gegenwart verzerrt. In der Selbstpsychologie hat sich der Deutungsschwerpunkt verschoben. Er liegt nun auf den Bemühungen des Patienten, den Analytiker in der Gegenwart zu erreichen, den Kontakt zu ihm zu suchen (im Englischen heißt es: the patient *reaches out* to the analyst; der Hg.), um auf diesem Weg fehlende Fähigkeiten nachträglich zu erwerben und so die Folgen von Traumatisierungen zu heilen, die in der Vergangenheit erlebt wurden. Lange Zeit galt als zentraler Aspekt der Übertragung, daß die Ätiologie und Pathogenese der aktuellen Probleme durch die „Wiederholung" der Vergangenheit in der Gegenwart erkennbar würden. Die Selbstpsychologie verschob die Betonung ganz entschieden auf das subjektive Erleben des Patienten. Es gilt nun, in diesem Erleben das blockierte Bedürfnis nach Wachstum freizusetzen, auch wenn es anfangs sehr schwach und angstbesetzt erscheint.

Die selbstpsychologische Verschiebung der Akzentsetzung hat einschneidende Folgen für die Durchführung von

Analysen. Sie zeigt die überragende Bedeutung an, die den Bemühungen des Patienten zukommt („to reach out to the analyst"). Nur wenn der Analytiker die besondere Bedeutung dieser Bemühungen anerkennt, kann er vermeiden, sein Hauptaugenmerk auf die Pathologie des Patienten zu richten. Um Mißverständnissen vorzubeugen: Man muß die Psychopathologie des Patienten kennen und im Deutungsprozeß berücksichtigen. Ausschlaggebend ist jedoch, was *der Patient* geheilt haben möchte. Schon allein dieses Prinzip spricht gegen die Verwendung von Konfrontationen. Statt dessen wird der Patient durch die *genaue Wahrnehmung und Artikulation seines subjektiven Erlebens* dazu gebracht, von sich aus Aspekte seines abgewehrten oder verdrängten Erlebens zu offenbaren.

Daran schließt sich die Frage, wessen Realität letztlich im analytischen Prozeß zählt. Sieht man nämlich in der Übertragung hauptsächlich eine Verzerrung der Wahrnehmung, dann führt man einen Konflikt zwischen zwei Realitäten ins Behandlungszimmer ein: den Konflikt zwischen der Realität des Patienten und der Realität des Analytikers. Mein eigener Interpretationsfokus liegt stets auf der inneren Realität des Patienten. Diese Realität bedarf der analytischen Klärung – und nicht einer Korrektur. Ich bestehe nie auf der Gültigkeit meiner eigenen Wahrnehmung, als hätte sie Vorrang vor der des Patienten, denn das würde in ihm nur das Gefühl auslösen, seine innere Realität zähle nicht, sondern nur meine. Das Insistieren auf meiner Wahrnehmung würde das Gefühl von Sicherheit und Vertrauen untergraben und die Mitteilung emotional bedeutungsvoller Inhalte sowie das Nachholen von Wachstum erschweren.

Zwei Vignetten sollen zeigen, wie wichtig es ist, sich auf die innere Realität des Patienten, sein subjektives Erleben und auf die Reaktion des Analytikers auf eben dieses Erleben zu konzentrieren:

Herr T. klagte in einer Freitag-Stunde darüber, daß er seine Kindheit wie einen Kerker, ein Verlies, empfinde. Zur Illustration führte er mehrere Beispiele an, wie er von seinem Vater sehr schlecht behandelt worden war und stellte dar, wie sehr ihn das bis heute präge. Er hatte diesen Einfall zu einem Zeitpunkt, an dem er schon begonnen hatte, sich vom Vermächtnis seiner Kindheit zu befreien, so daß ich etwas überrascht darüber war, daß er seine Kindheit mit einem Verließ verglich und daß er diesen Vergleich mit einem deutlich gebremsten Affekt vorgetragen hatte.

Am Montagmorgen beklagte er sich und warf mir vor, ich hätte ihn bei seinem Versuch gestört, sich selbst noch einmal in diesem Kerker zu erleben. Er glaube, daß ich sein Erleben nicht ertragen könne und ihm deshalb Fragen gestellt hätte, die ihn aus seinem Erleben heraus katapultiert hätten. Ich hätte ihn zur Reflexion seines Erlebens aufgefordert, anstatt bei seinem Erleben zu bleiben und ihn beim Gang in den Kerker zu begleiten. Obwohl ich am Freitag über das neue Bild erstaunt gewesen war, mit dem er seine Kindheit beschrieb, war ich meiner Ansicht nach dennoch in der Lage gewesen, bei seinem Erleben zu bleiben und ihn zu begleiten. Ich hatte es nicht so wahrgenommen, daß ich das ungern getan hätte oder mir die Aufgabe, ihn zu begleiten, peinlich oder abstoßend gewesen wäre, so wie er das empfunden hatte. Aber so hatte *er* nun einmal meine Störung seiner Bemühungen empfunden. Ich antwortete ihm folgendermaßen: Wenn er mich tatsächlich so erlebt habe, könnte ich seine bitteren Vorwürfe, ich hätte ihn nicht auf seinem Weg ins Verließ begleitet und ihn sogar am Hinabsteigen gehindert, gut verstehen. Nach einer sehr kurzen Pause sagt er: „Ich bin mir nicht sicher, ob Sie bei mir geblieben sind oder nicht. Mir kam es so vor, als wären Sie nicht bei mir geblieben. Vielleicht war es aber auch meine Angst, daß Sie nicht bei mir bleiben würden, die in mir das Gefühl hervorrief, daß Sie tatsächlich nicht bei mir blieben. Ich weiß, ich bin da sehr empfindlich."

Aus diesem Beispiel geht hervor, daß der Patient gerade deswegen über seine Reaktion auf den Analytiker nachdenken konnte, weil der Analytiker seine Realität, also die Realität des Patienten, akzeptierte, ohne ihn mit seiner eigenen Sichtweise zu konfrontieren. Es zeigt auch, wie wichtig es ist, am subjektiven Erleben des Patienten zu bleiben. Wenn das im vorliegenden Fall gelungen wäre, hätte der Patient einen Selbstzustand seiner frühen Kindheit wieder erleben können. Das hätte eine wichtige Station auf dem Weg zur Überwindung seines Gefühls sein können, er lebe noch immer in einem Kerker. So überzeichnet dieses Bild auch sein mag, es ist wichtig, ihm nachzugehen, es zu verstehen und schließlich zu erklären, und es nicht als verzerrte Wahrnehmung zu betrachten.

Eine zweite Vignette verdeutlicht das gleiche auf noch drastischere Weise: Als es mir einmal nicht gelang, einem Patienten in seinem etwas bizarren subjektiven Erleben zu folgen, blickte er auf die braune Tür vor ihm und sagte ganz verzweifelt: „Ich weiß vom Verstand her, daß die Tür braun ist, das brauchen Sie mir nicht zu sagen. Wenn ich sage, sie ist orange, dann sage ich Ihnen, was ich fühle. Wenn Sie mein Orange nicht akzeptieren, dann akzeptieren Sie nicht, was ich fühle. Wenn Sie nicht akzeptieren, was ich fühle, dann akzeptieren Sie mich nicht. Dann bin ich da, wo ich schon mit meinen Eltern war – sie haben mich nie akzeptiert. Wie soll ich dann bei Ihnen dieses Gefühl loswerden?"

Dieser Patient hat mich nachdrücklich gelehrt, daß wir die höchst subjektiven „orangefarbenen" Gefühle der Patienten ansprechen müssen. Dieses Anliegen bildet das Zentrum der Wünsche des Patienten und es muß auch im Zentrum der Deutungen des Analytikers stehen. Der Fokus meiner Interventionen liegt nicht auf den dynamischen und genetischen Aspekten des Erlebens, sondern auf dem Erleben selbst und seiner Bedeutung und Funktion.

Mein Patient bestand darauf, daß ich seinem subjektiven „Orange"-Erleben folge. Das hatte unter anderem folgende Funktion: Dieses Erleben muß akzeptiert werden, egal wie bizarr oder verzerrt es einem Außen-Beobachter erscheint – die Mitteilungen des Patienten müssen so, wie sie sind, angenommen und verstanden werden. „Wo sonst kann ich diese Gefühle aussprechen, wenn nicht hier", fragte mich dieser Patient einmal herausfordernd. Ich gestand ihm nun meinen Fehler ein, und er sagte daraufhin: „Wenn wir uns beide gemeinsam in mein „Orange"-Erleben einlassen können, dann fühle ich mich wirklich; andernfalls fühle ich überhaupt nichts."

Hier taucht also die Frage auf, wann es auf die Realität des Analytikers ankommt und wann er sie in seine Interventionen einfließen lassen soll. Natürlich spielt die Realität des Analytikers immer eine Rolle, aber meistens geht sie nur ihn selbst etwas an. Der Analytiker muß mit seinen inneren Reaktionen selbst klarkommen. Manchmal verhelfen sie ihm zu einem Verständnis des Patienten und manchmal nicht. Ich teile dem Patienten meine Reaktionen dann mit, wenn sie mit dazu beigetragen haben, daß es zu einer Störung der Selbstobjektübertragung gekommen ist, oder dann, wenn die Mitteilung dazu verhilft, die zerbrochene Übertragung und die Rolle, die ich dabei spielte, zu rekonstruieren.

Meine Beispiele für die Reaktionen des Analytikers folgen einem Prinzip: Alle Interventionen des Analytikers müssen mit seinen Vorstellungen von den kurativen Faktoren des analytischen Prozesses übereinstimmen. Aus diesem Grund werden von der Selbstpsychologie manche Interventionen vermieden, die in einem anderen theoretischen Kontext durchaus sinnvoll sein können.

Noch eine letzte ergänzende Bemerkung zu dieser skizzenhaften Darstellung meines Verständnisses des analytischen Prozesses. Im Zentrum meiner analytischen Bemühungen steht immer die fundamentale Verwundbarkeit des Patienten und nicht ein einzelnes Symptom oder Verhaltensmuster. Meine Interventionen sprechen die Verwundbarkeit des Patienten an, wie sie sich innerhalb und außerhalb der Übertragung manifestiert. Diese Verwundbarkeit liegt den einzelnen Symptomen, Syndromen oder Verhaltensmustern zugrunde. So zeigt beispielsweise die Behandlung von narzißtischer Wut, Omnipotenzphantasien und anderen Symptomen eine analytische Grundhaltung, die die gesamte Person in ihrem Streben nach Weiterentwicklung im Blick hat.

Es kommt mir und der Selbstpsychologie darauf an, Defizite der Entwicklung so zu bearbeiten, daß die Entwicklung unbehindert nachgeholt werden kann.

Dieser Text ist die leicht veränderte Fassung des Vortrags, den Paul Ornstein anläßlich einer gemeinsamen Falldiskussion mit Otto Kernberg am 20. Juni 1998 in München gehalten hat; veranstaltet vom „Münchener Forum für neuere Erkenntnisse in der Psychoanalyse e.V." und der „René-A.-Spitz-Gesellschaft zur Förderung der Psychoanalyse e.V.".

Übersetzung aus dem Amerikanischen von H. Kilian, L. Köhler, H. Bodansky, G. da Coll u. U. May.

Anna Ornstein

Traumata des Alltagslebens

Eine selbstpsychologische Betrachtung der Neurosen

Summary: Traumas of Everyday Life: a Self Psychological Perspective on the Neuroses

The following paper contrasts the traditional psychoanalytic view of neurogenesis with that of psychoanalytic selfpsychology. This is related to the difference between the developmental theories of these two psychoanalytic perspectives. Traditional psychoanalytic theory holds that an analyzable neurotic condition arises in relation to an unresolved Oedipus complex which, in turn, is created by the child's instinctual desire to sexually posses the parent of the opposite sex and harbours murderous wishes toward the parent of the same sex. In contrast, self-psychology postulates that it is the absence of appropriate parental responses (an opportunity to idealize the same sex parent and to be mirrored by him/her) that is responsible for the later development of an adult neurosis. The summary of an analysis serves to demonstrate that the development of an idealizing transference enabled the patient to experience himself as a competent and strong man in relation to his competent and strong „father-analyst". The developmental need for such an analytic experience had overcome the fact that, in reality, his analyst was a female.

Einführung

In meinem Beitrag möchte ich einige Grundannahmen der Selbstpsychologie über das Wesen traumatischer Erfahrungen und der Genese neurotischer Störungen diskutieren. Hierbei möchte ich zum einen die Art und Weise diskutieren, in der Traumata im Verständnis der Selbstpsychologie einen pathogenen Einfluß auf die seelische Entwicklung nehmen und zum anderen darstellen, in welcher Weise dieses Verständnis in den Deutungsprozeß und die – mit dem analytischen Prozeß einhergehende – Rekonstruktion der jeweils als neurosogen vermuteten traumatischen Erfahrungen einfließt.

Die Psychoanalyse hat seit ihren Pioniertagen eine Menge von Veränderungen erfahren. Viele dieser Veränderungen haben einen Einfluß auf die Praxis der Psychoanalyse gehabt, ohne eine umfassende Neuformulierung der psychoanalytischen Theorie nach sich zu ziehen. In diesem Zusammenhang scheinen mir Greenacres Beobachtungen (1975) von Bedeutung zu sein: Sie fragt, ob die Tatsache, daß periodische, umfassende Rekonstruktionen insofern ersetzt wurden, als sie in den interpretativen Prozeß hineingenommen wurden, bedeute, daß Analytiker den genetischen Gesichtspunkt einfach vernachlässigten – oder ob dies Ausdruck der Tatsache sei, daß sie nicht mehr so sicher waren, was in der Kindheit als „traumatisch" und für die Entwicklung der Neurose im Erwachsenenalter als verantwortlich anzusehen sei.

Greenacres Beobachtung hat heute mehr Relevanz als vor zwanzig Jahren. Seit den siebziger Jahren ist die Praxis der Psychoanalyse noch vielfältiger geworden und die Frage, was als genetisch signifikant betrachtet werden kann, wird heute vermutlich mit einer größeren Vielzahl von Ansichten über die Neurosogenese beantwortet werden als damals. In den sechziger und siebziger Jahren konnte diese Frage in der Mehrzahl der Fälle deswegen leichter beantwortet werden, weil von den Patienten, die zur Analyse zugelassen wurden, erwartet wurde, daß sie ihre infantile Neurose innerhalb der Übertragungsneurose wiederholten. In einer gemäß der

„Standardtechnik" durchgeführten Analyse stellte die Übertragungsneurose eine direkte Verbindung zwischen der genetisch signifikanten infantilen Neurose, das heißt, dem ungelösten Ödipuskomplex, und der Neurose des Erwachsenen her. Seit dieser Zeit ist diese direkte Verbindung jedoch insofern verlorengegangen, als heute die „präödipalen" Belange in den Analysen der meisten Patienten die Konfiguration der neurotischen, „ödipalen" Übertragungen verändert hat.

Meines Erachtens verlangt diese Veränderung eine neue Bewertung unseres Verständnisses von Übertragung und damit einhergehend eine Neubewertung sowohl dessen, was wir als traumatisch und neurosogen betrachten, als auch der Art und Weise, in der wir diese traumatischen Erfahrungen rekonstruieren und diese Rekonstruktion in unseren analytischen Prozeß einfließen lassen.

Das Konzept von Trauma und Neurosogenese

Daß Freud seine Verführungstheorie „aufgab" und sich zunehmend für die Pathogenität infantiler sexueller und aggressiver Phantasien interessierte, bedeutete nicht das Ende seines Interesses an den der Seele von außen zugefügten Traumata. Sein Interesse wurde vor allem durch die Kriegsneurosen wiedererweckt, die seine *ökonomische* Sichtweise seelischer Prozesse im allgemeinen und von Traumata im besonderen bestätigten (Freud 1916/17). Dennoch war es die Untersuchung der Ursache neurotischer Störungen, der *Neurosogenese*, die das Rückgrat des theoretischen Gebäudes der Psychoanalyse bildete und in deren Zusammenhang das Traumakonzept durch Freud selbst und Generationen späterer Analytiker seine Veränderungen erfuhr. Fragen wie: „Was stellt ein Kindheitstrauma dar?" und „Worin besteht die Beziehung zwischen Trauma und Pathogenese?" wurden von Freud primär mit dem Konzept der „komplementären Serie" und der „Nachträglichkeit" (1918) beantwortet. Wie eingeschränkt und unbefriedigend diese Veränderungen jedoch klinisch waren, wurde im Workshop der Mitglieder der American Psychoanalytic Association über die Rekonstruktion des Traumas in der klinischen Arbeit (Rothstein 1986) deutlich. Die Beiträge, die in diesem Workshop vorgestellt wurden, zeigten extrem divergente Sichtweisen unter den anwesenden Analytikern bezüglich dessen, was sie als das Wesen von Traumata ansahen. Die Ansichten reichten hierbei von der Annahme, daß Entwicklungserfahrungen an sich (wie zum Beispiel die Separation-Individuation oder die ödipale Phase) als traumatisch anzusehen sind, bis zu dem Versuch, ein psychisches Trauma mit einem körperlichen Angriff gleichzusetzen, das heißt, mit einem Angriff bei dem die Seele durch eine externe Kraft – unabhängig von der vor der Traumatisierung schon entwikkelter Reife und Widerstandskraft der bereits bestehenden psychischen Strukturen – zerbrochen und überfordert wird. Um in diesem breiten Spektum eine Übersicht zu schaffen, hat Arnold Rothstein in seinen abschließenden Bemerkungen vorgeschlagen, Traumata aus drei Perspektiven zu betrachten: zum einen aus der hermeneutischen, zum anderen aus einer Entwicklungsperspektive und zum dritten aus einer Anpassungsperspektive.

Es erscheint mir wichtig, daß im Gegensatz zu den erwähnten größeren theoretischen Unterschieden unter den Klinikern eine allgemeine Übereinstimmung dahingehend herrschte, daß ein Trauma, das einer unreifen, kindlichen Seele zugefügt wurde, sich von dem Trauma unterscheidet, das von einer relativ reifen Seele erlebt wird. Es wurde nämlich angenommen, daß jene Traumata, die das Kleinkind und Kind erfährt (im besonderen die kumulativen oder Mikrotraumata), verantwortlich sind für die Entwicklung von strukturellen *Defiziten* oder *Defekten*, während Traumata während der späteren Entwicklung, besonders während der ödipalen Phase, durch *Konflikte* im Zusammenhang mit sexuellen und aggressiven *Phantasien* entstehen. Innerhalb der vorherrschenden traditionellen Psychoanalyse mußte also aufgrund der jeweiligen pathologischen Konsequenzen unterschieden werden zwischen Traumata, die durch die Umgebung zugefügt wurden und die Defektstörungen hervorrufen, und jenen Neurosen, die intrapsychisch determiniert waren und sich auf libidinöse Fixierungen, Regression und Kompromißbildungen (A. Freud 1968) bezogen.

Wie tiefgreifend diese Unterscheidung das Denken von Analytikern beeinflußte, ist meines Erachtens sehr gut dargestellt an dem von Kris (1956) vorgestellten Fall Dorothy. In seinem Aufsatz fordert Kris den Leser dazu auf, vorherzusagen, in welcher Weise Dorothys Analytiker an die Aufgabe herangehen werde, die potentiell traumatischen Erfahrungen während ihrer Kindheit vor zwanzig Jahren zu rekonstruieren. Mir wird bei dieser Herangehensweise besonders deutlich, wie das Verständnis traumatischer Erfahrungen einerseits und die Aufgabe des Analytikers andererseits die Art und Weise prägen, in der der Analytiker das biographische Material versteht, ordnet und seine Deutungen daran ausrichtet, welche Aspekte er für psychodynamisch besonders relevant hält.

Dorothy erlitt eine Reihe potentiell traumatischer Ereignisse im Alter von zwei bis drei Jahren: Ein Bruder kam zur Welt, ihr Großvater starb, und ein geliebter Hund kam bei einem Unfall ums Leben – Ereignisse, die wir als Traumata des Alltagslebens bezeichnen könnten. Kris berichtete dem Leser aus seiner Sicht außerdem etwas über die Persönlichkeitsstrukturen der Eltern, ihre Beziehungen zueinander und zu der kleinen Tochter. Seine Beschreibungen der elterlichen Persönlichkeiten ist meines Erachtens deshalb von besonderer Bedeutung, weil dabei seine Ansichten über die Bedeutung von Phantasie gegenüber der Wirklichkeit in der Neurosogenese analysierbarer Störungen am deutlichsten erkennbar werden.

Kris berichtet, daß Dorothys Eltern eine stürmische Ehe führten und daß Dorothy, obwohl sie der Mutter im Verhalten zugewandt blieb, „ihr nicht in ihre phobischen Neigungen" folgte, sondern die Liebe des Vaters zu Tieren und der Natur teilte. Kris erwähnt auch die starke Eifersucht der Mutter angesichts der engen Beziehung des Mädchens zu seinem Vater. In einer in gewissem Sinn paranoiden Anwandlung erlebte die Mutter die nahe Beziehung des Kindes zu ihrem Vater „als ob sie sich gegen sie zusammenrotteten". Als Kris vorwegnahm, welche Bedeutung ihr zukünftiger Analytiker diesen Erfahrungen beimessen würde, sagte er, daß diese Erfahrungen für einen Analytiker vornehmlich ödipal-sexuelle Bedeutung hätten und faßte sie folgendermaßen zusammen: „Der Wunsch nach einem Kind mit dem Vater und der Todeswunsch gegenüber der Mutter sowie die Angst vor sexuellen wie destruktiven Impulsen und die altersangemessene Kastrationsangst (sind hier) addiert und überlagert" (S. 75–76).

Diese strikt instinkbezogene Betrachtung dessen, was in der Entwicklung von Dorothys späterer Neurose ein Trauma darstellte, ist deswegen bezüglich des Verständnisses des Wesens traumatischer Erfahrungen von besonderem Interesse, weil Kris in derselben Veröffentlichung zu den „Besonderheiten der Persönlichkeiten der Eltern" und ihrem Einfluß auf die Entwicklung des Kindes Stellung nimmt. Dabei ist besonders relevant, daß Kris zwar die Persönlichkeiten der Eltern bei der Entwicklung des Kindes allgemein als wichtig, aber nicht als spezifische Ursache für die neurotische Entwicklung ansah. Seiner Ansicht nach müßte die Neurose in dem Fall, daß Dorothy eine analysierbare Störung entwikkelt, mit den Begriffen sexueller und aggressiver Impulse und ihrer damit einhergehenden Phantasien erklärt werden.[1]

Welche Bedeutung würde demgegenüber ein Selbstpsychologe den von Kris gemachten Beobachtungen bezüglich der Persönlichkeiten der Eltern beimessen? In der Selbstpsychologie würden wir sagen, daß die Eifersucht der Mutter, die sie bereits in den frühen Jahren der Kindheit ihrer Toch-

---

1 Obwohl die Neurosentheorie das Verständnis der komplementäre Serie (Freud 1916/17) umfaßte, wurde dem Wesen der Haltung der Bezugspersonen und ihrer Reaktion auf die Erlebnisse des Kindes keine pathogene Bedeutung zugemessen, und sie wurden daher in den rekonstruktiv-deutenden Prozeß nicht aufgenommen; der Schwerpunkt lag weiterhin auf der Bedeutung der unbewußten Phantasien, von denen angenommen wurde, daß sie die Wahrnehmung der Eltern durch das Kind verzerrten.

ter hatte, dann eine *spezifisch pathogene Bedeutung* bekam, als die Tochter in der Zeit, in der ihre Sexualität erwachte, mit ihrem Vater flirtete. Die Unfähigkeit der Mutter, sich an der knospenden Sexualität der Tochter (speziell während der Pubertät) zu freuen, würde als *aktive Zutat* in der Genese jeder Art von Störung betrachtet werden, die Dorothy später im Hinblick auf ihre Weiblichkeit entwickeln würde. Unserer Ansicht nach kann die Unfähigkeit seitens des gleichgeschlechtlichen Elternteils, auf die für die Entwicklung angemessene Kompetivität und sexuelle Flirthaftigkeit des Kindes zu reagieren, auch jetzt noch diskrete Defizite in der Seele bewirken. Diese Betrachtungsweise und das dabei zugrundeliegende Verständnis der als traumatisch betrachteten Erfahrungen bestimmt offensichtlich den Inhalt und die Formulierung der Rekonstruktionen. In unserem selbstpsychologischen Verständnis muß die Rekonstruktion diejenigen Erfahrungen des Kindes beinhalten, die es mit der Mutter bezüglich seiner Sexualität gemacht hat.

Die Rekonstruktion, die die pathogenen Aspekte der elterlichen Persönlichkeiten umfaßt, beinhaltet gewisse spezielle Probleme. Hier ist zum einen die Angst zu nennen, „den Eltern die Schuld zu geben“, und zum anderen, daß die Patienten ihre Probleme externalisieren. Es kann (und muß) vermieden werden, daß den Eltern Schuld zugewiesen wird, indem berücksichtigt wird, daß konstitutionelle Gegebenheiten und der traumatische Effekt fehlerhafter Antworten von Bezugspersonen beim Kind zu Symptomen und Verhaltensauffälligkeiten führen. Das symptomatische Verhalten des Kindes wiederum beeinflußt die Haltung der Bezugspersonen und die endgültige Wahrnehmung des Kindes durch die Eltern. Aber die Rekonstruktion der Persönlichkeiten (oder Besonderheiten) der Eltern sind nicht der zentrale Aspekt des deutend-rekonstruierenden Prozesses, wie er in der Selbstpsychologie verstanden wird. Der zentrale Aspekt liegt hierbei in der Rekonstruktion der emotionalen Zustände der Kindheit wie etwa die tiefe Einsamkeit, das zwanghafte Tagträumen, die grandiosen oder rachevollen Phantasien des Kindes. Kohut (1971) betrachtete diese kindlichen Gefühlszustände als die „Vorstufen der Störungen des Erwachsenen". In der Wiederentdeckung dieser Erinnerungen werden die traumatischen Aspekte der Persönlichkeiten der Bezugspersonen, die zu der jeweiligen neurotischen Entwicklung der Selbststörung Anlaß gaben und die jeweilige Selbstobjekt-Übertragung bedingen, zunehmend deutlicher. Mit anderen Worten beziehen sich die auf einer Selbstobjekt-Übertragung beruhenden Rekonstruktionen nicht auf die Aufdeckung von tatsächlichen pathogenen Ereignissen, sondern auf die Wiederbelebung der intrapsychischen Erfahrungen des Kindes, die im Kontext der ursprünglichen (Selbstobjekt-)Beziehungen zu den Eltern den heutigen Symptomen und Übertragungen des Analysanden Bedeutung geben.

Die Frage, ob ein neurosogenes Trauma von der Umgebung zugefügt wurde oder internen Konflikten entsprang und ob das, was dem Analytiker beobachtet, strukturellen Defiziten oder Konflikten zuzuordnen ist, ist für die Kinderanalytiker besonders interessant und hat zu einer anhaltenden Debatte über die Technik der Kinderanalyse geführt. James Anthony (1980) hat in dem Bemühen, die intern verursachten Traumata von den extern zugefügten zu unterscheiden, vorgeschlagen, daß Kinderanalytiker beachten sollten, daß Kinder drei Formen von Familien „konstruieren": die intrapsychische ödipale, die idealisierte repräsentative und die tatsächlich interpersonale. Er meint, es sei die Aufgabe des Analytikers, „diese verschiedenen Familien zu entwirren und die Familie *realistisch* zu bewerten" (Hervorhebung v. d. Verf.). Die Realität der Familie und ihr Einfluß auf das Kind, glaubt Anthony, werden auf die unbewußten ödipalen Phantasien „aufgelagert", die, indem sie aufgedeckt werden, das legitime Subjekt der Deutungen des Analytikers darstellen. Daraus ergibt sich folgende Frage: Wer soll die Familie realistisch darstellen, und wie soll sie von instinkthaft generierten intrapsychischen Erfahrungen abgegrenzt werden?

Dies waren die Themen der psychoanalytischen Diskussion, als Kohut zum ersten Mal die Übertragungen beschrieb, die er bei Patienten mit Entwicklungsverzögerungen und strukturellen Defiziten beschrieb. Für viele von uns öffneten seine Beschreibungen der Selbstobjekt-Übertragungen einen neuen Horizont für die analytische Praxis: Ihre Anerkennung erlaubte einen deutenden analytischen Zugang zu den Patienten, die gemäß der vorherrschenden Kriterien bis dahin als nicht analysierbar galten.

In seiner ersten Beschreibung der Selbstobjekt-Übertragungen behielt Kohut (1971) die Unterscheidung zwischen ödipalen und präödipalen Formen von Psychopathologie bei und schrieb der Responsivität der Bezugspersonen strukturbildende Eigenschaften nur während der Kleinkindzeit und Kindheit zu. Dies änderte sich, als er 1977 zwischen einer ödipalen *Phase* und einem Ödipus-*Komplex* unterschied. Die normale ödipalen Phase, sagte er, war eine stille Phase der seelischen Entwicklung, die solange keinen Anlaß zur Entwicklung von Psychopathologie gab, wie das Interesse des Kindes an sexuellen Dingen und seine wachsende Selbstbehauptung nicht mit Verführung, Überstimulierung und Gegenaggression beantwortet wurden.[2]

Unter diesen letztgenannten pathogenen Umständen wird die ödipale Phase zum Ödipuskomplex, der schon in der Kindheit als pathologisch betrachtet werden muß. Die Erkenntnis der pathogenen Bedeutung von elterlichen affektiven Haltungen und Antworten (oder das Fehlen der für die Reifung benötigten validierenden Antworten), ermöglichte eine neue Perspektive bei der Analyse der geschlechtlichen Identitätsentwicklung, der sexuellen Objektwahl, sexueller Konflikte und Hemmungen; jener Bereiche also, die traditio-

---

2 Kohuts Bezugnahme auf eine ödipale *Phase* muß insofern modifiziert werden, als wir seelische Reifung nicht mehr als die Aufeinanderfolge von Phasen mit spezifischen triebbezogenen Inhalten wie dem Oralen, Analen, Phallischen und Ödipalen verstehen. Wir betrachten Reifung demgegenüber als *Entwicklungslinien* (A. Freud, 1968), was den Schwerpunkt von der Betrachtung spezifischer triebhafter Inhalte (oral, anal, phallisch oder ödipal) verlagert auf die Harmonie zwischen diesen Entwicklungslinien.

nellerweise als die Manifestationen von Psychoneurosen angesehen wurden.

Der Patient, den ich vorstellen werde, entwickelte Übertragungen, in denen er darum rang, fehlerhafte elterliche Antworten auf seine Sexualität und Selbstbehauptung zu überwinden. Selbstkohäsion als Ausdruck einer tieferen Störung war hier nicht von zentraler Bedeutung. Dies war eher ein Fall, der traditionellerweise als Neurose betrachtet werden würde. Der Fall soll aufzeigen, daß extern zugefügte Traumata unabhängig davon, wie subtil sie sein mögen (wie etwa die Unmöglichkeit für das Kind, sein gleichgeschlechtliches Elternteil zu idealisieren), als potentiell neurosogen betrachtet werden sollten.

Klinisches Fallbeispiel

Herr S., ein dreißigjähriger, alleinstehender Mann, kam zu mir mit dem ausdrücklichen Wunsch, eine Analyse zu machen. Er hatte einige wichtige Entscheidungen zu treffen, um seinen Wunsch, zu heiraten und sich zu etablieren, realisieren zu können. Bisher war er jedoch nicht in der Lage gewesen, eine befriedigende Beziehung mit einer Frau aufzubauen. Er konnte sich auf keine Langzeit-Beziehung einlassen, da er befürchtete, er würde zuerst ausgenutzt und dann verlassen. Herr S. litt außerdem an einer besonderen Form einer sexuellen Dysfunktion: Während des Vorspiels konnte er plötzlich von einem Makel am Körper der Frau (einem Muttermal oder einem Haar im Warzenhof) so abgelenkt werden, daß er plötzlich (aus Ekel) jedes Interesse am Liebesspiel verlor. Herr S. hatte sich eine weibliche Analytikerin ausgesucht, da er glaubte, daß seine Schwierigkeiten mit einer höchst konflikthaften Beziehung zu seiner Mutter zusammenhingen. Dabei hatte die Angst, von einer Frau ausgenutzt zu werden, einen besonderen Inhalt: Er fürchtete, je tiefer seine Liebe zu der Frau wäre, um so abhängiger werde er von ihr. Schließlich würde sie erkranken und sterben. Dann müsse er bis an das Ende seines Lebens um sie trauern, wobei er davon ausging, daß sein Leben kurz sein werde, weil die Männer seiner Familie – sein Vater eingeschlossen – alle in jungen Jahren gestorben waren. Diese Angst war eine unversteckte Erwartung, daß er das Leben seines Vaters wiederholen würde. Die Mutter von Herrn S. war verstorben, als er Jugendlicher war, und sein Vater, ein chronisch leidender Mann, hatte sich nie von diesem Verlust erholt. Als der Patient zur Analyse kam, bezeichnete er sich selbst als Waisen, nachdem auch sein Vater ein Jahr zuvor gestorben war. Er betrachtete es jedoch als „anormal", daß er im Alter von 30 Jahren noch immer an seinen verstorbenen Eltern hing.

Herr S. war ein gutaussehender Mann, dessen natürlich ebenmäßigen Gesichtszüge in einem traurigen und verstörten Gesichtsausdruck vergraben waren. Seine Traurigkeit kam auch in seiner Haltung zum Ausdruck. Er ging leicht gebeugt, seine Schultern nach vorn geneigt, den Blick nach unten gewandt, als ob er nicht die ganze Umgebung aufnehmen wollte. Er war eher nachlässig gekleidet und hatte, wie er mir später sagte, Schwierigkeiten, sich selbst passende und geschmackvolle Kleidung zu kaufen.

Indem ich die Darstellung der Analyse in zwei Abschnitte unterteile, hoffe ich, zeigen zu können, daß, obwohl die zu Beginn der Behandlung manifesten Symptome meines Patienten sexueller Natur waren und die Übertragung, die er im ersten Teil der Analyse entwickelte, darauf hinwies, daß diese Symptome im Kontext einer triangulären Beziehung entstanden waren, die eigentlich tiefgreifende Störung jedoch in Zusammenhang mit seiner Unfähigkeit stand, seinen schwachen und einflußlosen Vater zu idealisieren. Diese konnte analysiert werden, als der Patient im Prozeß des Durcharbeitens eine Selbstobjekt-Übertragung entwickelte, die einer weitreichenderen Beeinträchtigung der seelischen Reifung entsprang.

Im Verlauf der Analyse trat das Bild der Mutter als einer kraftvollen, intensiven und leicht reizbaren Frau hervor, die für sich selbst vor der Ehe musische Ambitionen gehabt hatte. Der Patient selber war mittlerweile Berufsmusiker, und viele seiner Kindheitserinnerungen rankten um die Interaktionen, die er mit seiner Mutter am Klavier gehabt hatte: „Sie war gleichzeitig Lehrerin und Hemmung, beides in großem Ausmaß. Sie kritisierte mich immer, wenn ich spielte; dann machte ich noch mehr Fehler, sie wurde immer wütender, und ich spielte immer schlechter. Sie schrie mich an, und ihre Spucke sprühte sie dabei über mich – was ich haßte; und dann schlug sie mich, und schließlich heulten wir beide." Als er von diesen sich oft wiederholenden Interaktionen mit seiner Mutter sprach, hielt er inne, holte tief Luft und sagte etwas über den Duft meines Parfums, sich daran erinnernd, wie gern er den Geruch der Wäschekommode seiner Mutter gehabt hatte. Auf der einen Seite erlebte er seine Mutter als Quelle von Faszination und Aufregung, aber auf der anderen Seite auch als Quelle von Wut und Kränkung; er fürchtete, daß mein Interesse an ihm ebenfalls eine Hemmung für ihn werden könnte. Herr S. hatte den Tod seiner Mutter erlebt, als ob er freigelassen worden wäre; seine Schulnoten wurden besser, und auch sein Klavierspiel verbesserte sich deutlich.

Die Analyse seiner sexuellen Hemmungen wurde durch ein Übertragungssympton erleichtert, das er in der ersten Phase der Analyse entwickelte; dieses Symptom konnte auf die Erinnerung einer Kindheitserfahrung zurückgeführt werden. Von der Kindheit bis zur frühen Adoleszenz ging er morgens ins Bett seiner Eltern. Just in dem Moment, wo er ins Bett stieg, stand sein Vater auf. Er haßte ihn dafür. Sein Vater bestand darauf, daß er bei seiner Mutter im Bett bleiben sollte, die eine chronische, zunehmend behindernde Krankheit hatte. Obwohl der Patient sich nicht daran erinnerte, in dieser Zeit sexuelle Stimulierung erlebt zu haben, erinnerte er sich an den Ekel, den er empfand, wenn er mit dem Bein das Schamhaar seiner Mutter berührte. Das Übertragungssympton bezog sich auf die Reaktivierung der mit dieser Erinnerung gekoppelten Gefühle: Herr S. entwickelte eine starke Aversion gegen meine Stimme; immer wenn ich sprach, und wenn es nur ein einfaches „Hm" war, irritierte ihn das, und seine Irritation verbarg kaum seine mit dem Gefühl der Hilflosigkeit vermischte Rage. Einmal, als er besonders ausführlich seine Reaktion auf meine Stimme beschreiben wollte, sage er, es fühle sich so an, als würde sein Penis abgeschnitten. Ich fragte mich, ob der Ekel, den er im Bett seiner Eltern gespürt hatte, mit einer sexuellen Stimulierung zusammenhängen könnte, die er verspürte, wenn immer sein Bein die Scham seiner Mutter berührte. Es schien, als ob die Aversion und sein Ekel ihn erfolgreich vor Zuständen sexueller Überstimulierung schützten.

Ich glaube, daß meine Akzeptanz der Intensität und „Realität" seiner Affekte innerhalb der Übertragung und meine relativ sparsamen und kurz gehaltenen deutenden Kommentare die Durcharbeitung dieses Übertragungssymptoms erleichterten und eine Phase genuiner Trauer um seine Mutter einleitete. Herr S. beschloß an dieser Stelle, daß es für ihn das beste sei, seine Analyse jetzt zu beenden. Er erklärte seine Beweggründe folgendermaßen: „Meine Mutter mußte, damit ich mich von ihr lösen konnte, sterben. Ich glaube, daß ich die Analyse beenden muß, um von Ihnen frei zu werden." Er dachte über das nach, was er gesagt hatte und fügte hinzu, daß der „wirkliche Grund" dafür, eine weibliche Analytikerin gesucht zu haben, der war, daß er sich damals ein anderes Ende dieser Beziehung wünschte. Er wollte, daß die Beendigung der Analyse ihn mit einer neuen Erfahrung versah: sich frei zu fühlen, ohne glauben zu müssen, daß die Analytikerin, damit er dies erreichen könne, auch sterben müsse. Aber er glaubte, er könne dies nicht allein schaffen, sondern brauche einen Mann, um sich von der Angst vor Frauen zu „befreien". Er empfand auch – und dies zu seinem großen Bedauern – daß er sich bisher in der Gegenwart von Männern allgemein lebendiger und stärker fühlte und in der Gegenwart von Frauen immer noch klein und unbedeutend. Er beschloß, die Analyse fortzuführen, indem er sich jetzt dafür neue Ziele setzte: sich selbst in der Gegenwart seiner weiblichen Analytikerin und in der Beziehung zu ihr als starker und kompetenter Mann zu fühlen.

An diesen Wegkreuzungen sind die theoretischen Vorgaben entscheidend für die Formulierung und den Aufbau von

Deutungen. War etwa die Deckerinnerung daran, wie wütend er wurde, wenn sein Vater aus dem Bett aufstand, eine Reaktionsbildung, die den Wunsch verdeckte, seinen Vater loszuwerden? War das Ekelgefühl, wenn er das Schamhaar seiner Mutter berührte, Ausdruck seiner Kastrationsangst, weil er in diesen Momenten sexuelle Erregung spürte? War mit anderen Worten die sexuelle Hemmung, die er im Erwachsenenleben erlebte, Folge eines ungelösten Ödipuskomplexes? Hätte ich die Wut und Enttäuschung gegenüber seinen Eltern und die Wiederbelebung dieser Affekte innerhalb der Übertragung als Ausdruck seiner unbewußten sexuellen und aggressiven Phantasien verstanden, hätte ich Herrn S. helfen müssen, zu erkennen, daß seine derzeitigen sexuellen Störungen Ausdruck von Kastrationsangst waren, die symptomatische Bürde seines Wunsches, den Vater wegen seiner inzestuösen Wünsche gegenüber seiner Mutter loszuwerden. Für den Fall, daß wir den verdrängten Phantasien besondere pathogene Wirkung zuschreiben, hat Arlow die Bedeutung der Rekonstruktion dieser pathogenen Phantasien vielleicht am deutlichsten (1963) beschrieben: „In der klinischen Praxis ist es das wichtigste, die unbewußten instinkthaften Wünsche aufzudecken, die in dieser Phantasie ihren Ausdruck finden."

In der traditionellen Psychoanalyse wären diese Deutungen insgesamt kongruent mit der Theorie vom Heilungsprozeß überhaupt: Könnte man dem Patienten dazu verhelfen, die mörderischen Wünsche gegenüber seinem Vater zu akzeptieren, würde das die Identifikation mit ihm erleichtern und die Repression inzestuöser Wünsche gegenüber seiner Mutter und damit die Überwindung des Ödipuskomplexes ermöglichen.

Wie würde die Selbstpsychologie demgegenüber diejenigen Erlebnisse und ihre Wirkung auf den Heranwachsenden verstehen, die im Zusammenhang mit den triangulär anmutenden „ödipalen" Ereignissen stehen?

Gemäß meinem selbstpsychologischen theoretischen Bezugsrahmen betrachtete ich den Ärger und die Irritation des Patienten in der Übertragung als eine Antwort auf das Unvermögen der Eltern, ihm die für ihn als Heranwachsenden in seiner Entwicklung notwendigen Selbstobjekt-Erfahrungen zukommen zu lassen. Das hieß vor allem, ihn als Kind vor einer sexuellen Überstimulierung zu schützen, der er bei den allmorgendlichen Besuchen im elterlichen Bett ausgesetzt war. Im Gegensatz zu einer traditionellen Sichtweise, die eine Identifikation mit dem Vater als Reifungsschritt ansieht, half die Identifikation mit dem depressiven Vater ihm nicht, den Ödipuskomplex zu lösen, sondern brachte im Gegenteil größere Schwierigkeiten im Leben des Patienten mit sich.

Die Übertragungsaffekte gegenüber seinem Vater traten gegen deutlich größeren Widerstand hervor als die gegenüber der Mutter. Die hervortretende Wut und Enttäuschung bedrohten nicht nur die zarten und liebenden Gefühle des Patienten gegenüber dem Mann, der seine primäre Bezugsperson gewesen war, sondern bedrohten auch die lebensnotwendige Verbindung zu seinem Vater, die er durch eine starke und grobe Identifikation mit ihm entwickelt hatte. Der Inhalt seiner Identifikation war eine chronische zukunftslose Depression, die tiefe Überzeugung, daß er das Leben seines Vaters wiederholen würde. Als sich die Vaterübertragung entwickelte, wünschte sich der Patient, daß er seine Analytikerin „als starken Mann" erleben könnte. Mir wurde deutlich, daß der Patient fürchtete, daß er dadurch, daß er eine weibliche Analytikerin gewählt hatte, wieder der Gelegenheit beraubt wurde, jene Persönlichkeitsmerkmale zu entwikkeln, die in unserer westlichen Kultur mit Männlichkeit verbunden werden.

Dieser zweite Teil der Analyse wurde mit einem Traum eingeleitet, in dem Herr S. in der Lage war, einen Mann von seinem Platz neben einer Frau auf einer Couch zu verdrängen. Er dachte, daß der Traum in der Figur des Mannes, der sich verdrängen ließ, Charakteristika der Persönlichkeit seines Vaters darstellte, insbesondere seine Schwäche als Ausdruck mangelnder Selbstbehauptung, die er jetzt in sich selbst erkannte und fürchtete. Als die Kinder klein waren, hatten sie sich immer an den Vater gewandt; er war zugänglicher und verläßlicher als die Mutter, aber als sie älter wurden, erkannten die Jungen, daß er nicht der Mann war, der ihnen helfen könnte, der Härte des Lebens zu begegnen: „Er schützte uns vor der Welt, aber er konnte uns nicht vor seinen Ängsten schützen." Der Patient hatte jedoch eine klare Vorstellung davon, wie er sich seinen Vater gewünscht hätte. Einmal bekam er eine medizinische Massage, deren besondere Qualität ihm folgendes deutlich werden ließ: Der Mann, der ihn massierte, hatte starke Hände, aber tat ihm dabei nicht weh. Dies war das Gefühl, nach dem er sich in der Analyse so sehr sehnte und von dem er ahnte, daß es mit dem von ihm ersehnten inneren Reifungsschritt in einem gewissen Zusammenhang stand. Doch meine „Weiblichkeit" war ein Hindernis, von dem er nicht sicher glaubte, daß er es würde überwinden können. Der Patient hatte einen Traum, der dies deutlich versinnbildlichte: In diesem Traum wollte er eine Flugreise unternehmen. Er stellte aber fest, daß der Pilot zwar an sich hervorragend, aber körperlich nicht in der Lage war, das Flugzeug zu lenken.

Dieser und viele andere seiner Träume handelten von dem Wunsch, mich als einen starken Mann zu erleben. In einem seiner Träume trat er schließlich in einen Boxkampf mit mir ein. Er entdeckte, als er darüber nachdachte, was das besondere an diesem Traum war, daß an dieser Erfahrung das wichtigste der Grad der Interaktion zwischen uns war und weniger das Gewinnen oder Verlieren. In dem Traum fühlte er sich nämlich frei, fest zuzuschlagen, ohne sich Sorgen machen zu müssen, ob ich seinen Schlägen widerstehen könne oder ob ich mich rächen würde. Ich betrachtete den Traum als den Ausdruck eines tief gefühlten Bedürfnisses, mich endlich als jemanden zu erleben, der in der Lage war, seiner Selbstbehauptung und Kompetivität standzuhalten (und mich daran zu freuen!). Diesen Traum gehabt zu haben, in dem er dies selbst fühlen konnte, freute ihn deswegen, weil er in diesem Traum tatsächlich seine Stärke mir gegenüber erleben konnte. Das stand in scharfem Gegensatz dazu, wie er sich gegenüber seiner Mutter und Großmutter immer gefühlt hatte. Er hatte in Auseinandersetzungen mit ihnen stets nachgegeben, jetzt konnte er sich eine andere Lösung vorstellen, eine, die für ihn selber kreative Möglichkeiten beinhaltete. Das Ambiente unserer Stunden war seitdem deutlich verändert. Das begann bei den Einbrüchen, die in seinem Ärger und seiner Irritation über meine Stimme kulminierten, und hörte bei meiner aktiven Interaktion mit ihm auf.

Ich werde diese Falldarstellung mit einer Geschichte beenden, die der Patient mir kurz vor der Beendigung der Analyse erzählte. Diese Geschichte faßt wunderbar die Erfahrung des Patienten während seiner Analyse sowie die Gewinne, die er dabei gemacht hatte, zusammen. Herr S. beobachtete den drei Jahre alten Joshua mit seiner Mutter. Er sah, wie das Kind sich von der Mutter abwandte, die, wie der Patient fand, ihm ihre Zärtlichkeiten und Küsse „aufdrückte". „Ich kann nicht sehen, wie sie ihn küßt. Diese Küsse gelten nicht ihm, sondern ihr selbst ..." Er fühlte gleichzeitig, daß das Kind unbedingt die Nähe seiner Mutter suchte. Herr S. hatte auch bei seiner Mutter sein wollen, „aber so hat sie mich auch behandelt ... und deshalb bin ich zu meinem Vater gegangen ... und er war nicht stark genug". Herr S. sah einmal dasselbe Kind, wie es von seinem Vater aufgefangen wurde, als es gerade von der Schaukel fiel „Was für ein perfektes Timing!" rief er und fand, daß das Kind gleichzeitig zwei wunderbare Gefühle gehabt haben mußte: Er konnte die Aufregung spüren, allein zu schaukeln, und gleichzeitig die Sicherheit der starken Arme seines Vaters, als es genau zum rechten Zeitpunkt in der Luft aufgefangen wurde. „Was für eine Freude!" sagte er mit Blick auf die Freude, die er im Gesicht des Vaters und des Sohnes sah, als das Kind sicher in den Armen seines Vaters landete. Er meinte, daß er etwas ähnliches in der Analyse erlebe, wenn er in der Sicherheit meiner Aufmerksamkeit seine Träume deutete, und fügte hinzu: „Aber heute kann ich mich auch selber auffangen, wenn Sie einmal nicht da sind." Er dachte in diesem Zusammenhang noch einmal über die Beziehung zu seinen Eltern nach: „Sie haben mich bestimmt auch häufig aufgefangen, aber Schaukeln mußte ich allein lernen." Wir waren uns einig, daß meine Akzeptanz und mein Verständnis seiner Wut im ersten Teil der Analyse es möglich gemacht hatten, mich als jemanden zu erleben, dem er entgegentreten konnte: Ohne Angst, mich zu zerstören, und ohne Angst vor meiner möglichen Rache.

Diskussion des Fallbeispiels

Eine der spannendsten Fragen, die dieser Fall aufwirft, ist die Entschlossenheit des Patienten, seine Analytikerin als starken Mann zu erleben; dieser Wunsch war mit einer tiefen Sehnsucht verbunden, sich selbst als einen starken kompetitiven und sich selbstbehauptenden Mann in Beziehung zu seiner Analytikerin zu erleben. Ich betrachtete diese Wünsche als einen Ausdruck seiner kurativen Phantasie und die Essenz seiner ödipalen Selbstobjekt-Übertragung. Dabei habe ich folgende Gründe für meine Annahme: Die Deckerinnerung der Erfahrung im elterlichen Bett half nicht nur dabei, die Ursache einer sexuellen Dysfunktion aufzuspüren (seine Hemmung im Liebesspiel, wann immer er einen Makel am Körper der Frau bemerkte), sondern diese Deckerinnerung spiegelte auch eine traumatische Enttäuschung durch seinen Vater auf breiterer Ebene wider. Der Patient war besonders beunruhigt, immer wenn er seinen Vater gegenüber den Forderungen seiner Mutter als ängstlich und beinahe feige erlebt hatte. Herrn S. Bedürfnis, seine Analytikerin als starken Mann zu erleben, stellte ein legitimes Entwicklungsbedürfnis innerhalb der Übertragung dar. Während der seelischen Reifung ist es die Idealisierung des starken, selbstbehauptungsfähigen Vaters durch das ödipale Kind, die dem Jungen bei der Konsolidierung der Geschlechtsidentität hilft; durch diese Idealisierung erwerben die Jungen die (kompetitiven und selbstbehauptenden) Charakteristika, die in unserer westlichen Gesellschaft als männliche Attribute betrachtet werden.

Ob wir das Bedürfnis, die Analytikerin als starken Mann zu erleben, als Abwehr gegen ödipale Rivalität und Feindseligkeit oder als legitimes Entwicklungsbedürfnis betrachten, das traumatisch behindert worden ist und ob wir den Ärger über den Vater als Ausdruck eines kaum sublimierten Aggressionstriebes oder einer *traumatischen Enttäuschung* verstehen, unterscheidet die traditionelle von der selbstpsychologischen Betrachtung der *Bedeutung* der Übertragungserfahrung des Patienten.

Man könnte argumentieren, daß keine Notwendigkeit besteht, das Vorliegen einer spezifischen ödipalen Selbstobjekt-Übertragung zu postulieren, und könnte annehmen, daß das, was der Patient in der Analyse zu erreichen hoffte, der „Austausch" seiner Identifikation mit seinem passiven und depressiven Vater gegen eine Identifikation mit einem starken, selbstbehauptungsfähigen Analytiker war.

Identifikation ist jedoch in der Psychoanalyse ein problematisches Konzept. Wie soll man festlegen, mit welchem Aspekt der Bezugsperson sich das Kind „identifizieren" wird? Wenn wir von positiver oder negativer Identifikation sprechen, bewerten wir, ob die Charakteristika der Persönlichkeit des Patienten sozial wünschenswert sind oder nicht.

In der selbstpsychologischen Entwicklungstheorie betrachten wir die sich herausbildende Persönlichkeit als die Interaktion zwischen „Gegebenheiten" des Kindes und den emotionalen Antworten seiner Umgebung darauf. Idealerweise werden die altersangemessenen Selbstobjekt-Antworten auf die spezifischen idiosynkratischen Charakteristika der Talente des Kindes, seine intellektuelle und künstlerische Mitgift wie auch das Geschlecht des Kindes „zugeschnitten". Da diese Antworten transmutierend verinnerlicht werden, erleichtern sie die Herausbildung der eigenen konstitutionellen und geschlechtsgebundenen Fähigkeiten und Persönlichkeitsmerkmale des Kindes.

Wie der Fall von Herrn S. zeigt, erlaubte ihm die Möglichkeit, gewisse für die Entwicklung benötigte psychologische Funktionen (Entschlossenheit, Lebendigkeit, Selbstbehauptung) in seiner Analytikerin zu idealisieren, die Identifikation mit seinem depressiven und passiven Vater zu lösen. Denn Identifikation kann entwicklungshalber auch der Abwehr dienen: Sie sicherte im geschilderten Fall die Verbindung zum gleichgeschlechtlichen Elternteil, das das Kind bezogen auf seine geschlechtsspezifischen Attribute nicht idealisieren konnte.

Folgende Frage sind noch zu beantworten: Worin besteht die Beziehung zwischen den beiden Teilen der Analyse? Was ist die Beziehung zwischen der Übertragung, die der Patient erst als Reaktion auf das „Trauma" der sexuellen Überstimulierung entwickelte und das das Symptom der sexuellen Hemmung verursachte, und jener (Selbstobjekt-)Übertragung, die im zweiten Teil der Analyse hervortrat und in der Herr S. ein *Entwicklungsbedürfnis*, seine Analytikerin als starken Mann zu idealisieren, wiederbelebte? Die Reihenfolge des Auftretens dieser Übertragungskonstellationen würde es nahelegen, daß die Manifestationen einer Psychoneurose (in diesem Falle eine sexuelle Hemmung und Probleme bezüglich der Geschlechtsidentifikation) am besten durchgearbeitet werden können, wenn die auf die Selbststörung bezogene Übertragung (in diesem Fall das Bedürfnis, geschlechtsspezifische Attribute beim Analytiker zu idealisieren) auch erkannt und berücksichtigt werden.[3] Dies ist die Betrachtungsweise, die Kohuts Annahme wiedergibt, daß den Manifestationen einer Psychoneurose eine Selbststörung zugrunde liegt, denn „das Bestehen eines stabilen Selbst ist eine Voraussetzung für die Erfahrung des Ödipuskomplexes" (Kohut, 1977, S. 235), und ich möchte hinzufügen: dafür, sie zu überwinden. Ich möchte darüber hinaus annehmen, daß das, was für Herrn S. „traumatisch" war, nicht nur die Unfähigkeit war, seinen Vater als starken Mann zu idealisieren, sondern auch, daß der Vater nicht erkannte, welch entwicklungsmäßig einschneidenden Einfluß es auf den präpubertären Jungen hatte, mit seiner Mutter im Bett zu sein.

3 Eine ausführliche Diskussion der Beziehung zwischen den „ödipalen Neurosen" und Selbststörungen findet sich in: Heinz Kohut (1977): The Restoration of the Self. New York. (Deutsch: Die Heilung des Selbst. Frankfurt a. M., 1981)

Abschließende Bemerkungen

Ich habe ausgewählte Aspekte einer Analyse dargestellt, um die Entwicklung einer Neurose auf der Basis alltäglicher Mikrotraumata darzustellen, die in meiner theoretischen Betrachtung „Traumata des Alltagslebens" sind. In dem vorgestellten Fall erlitt Herr S. aus selbstpsychologischer Betrachtung zwei zusammenhängende Formen von Traumata des täglichen Lebens: zum einen die sexuelle Überstimulierung aufgrund elterlichen Empathieversagens und zum anderen die Unfähigkeit, seinen passiven und depressiven Vater zu idealisieren. Das war es, glaube ich, was Kohut meinte, als er sagte, daß wir „ ... nach einer 80 Jahre dauernden Umleitung zu Freuds ursprünglicher Verführungstheorie zurückkehren – natürlich nicht in der Form, in der sie Freud im Sinn hatte. Die Verführung, die wir heute im Sinn haben, bezieht sich nicht auf offene sexuelle Handlungen der elterlichen Selbstobjekte – obwohl solches Verhalten natürlich einbezogen werden müßte –, sondern auf die unempathischen Antworten der Selbstobjekte auf (sexuelle und aggressive) Fragmente des ödipalen Selbst des Kindes anstelle empathischer Anworten auf seine Gesamtheit (auf die Zuneigung und die Selbstbehauptung des Kindes)" (Kohut 1981, S. 721).

Aus dem Amerikanischen von Martin Goßmann.

Literatur

Anthony, E. J. (1980): The family and the psychoanalytic process in children. Psychoanal. Study Child 35: 3.

Arlow, J. (1963): Conflict, regression and symptom formation. Internat. J. Psych-Anal., 44: 12–22.

Freud, A. (1968): Indications and contraindications for child analysis. Psychoanal. Study Child 23: 37–46.

Freud, S. (1916/17): Vorlesungen zur Einführung in die Psychoanalyse. G. W. Bd. XI. Frankfurt a. M.

Freud, S. (1918): Aus der Geschichte einer infantilen Neurose. G. W. Bd. XII. Frankfurt a. M.

Greenacre, P. H. (1975): On reconstruction. J. Amer. Psychoanal. Assn. 23: 693–712.

Kohut, H. (1971): The Analysis of the Self. Madison, CT.

Kohut, H. (1977): The Restoration of the Self. (Deutsch: Die Heilung des Selbst. Frankfurt a. M., 1981)

Kohut, H. (1981): Letters. The Search for the Self. Hg. v. P. H. Ornstein. Madison, CT.

Kris, E. (1956): The recovery of childhood memories in psychoanalysis. The Psychoanal. Study Child 11: 54–88.

Ornstein, A. (1983): Fantasy or reality? The unsettled question in pathogenesis and reconstruction in psychoanalysis. In: A. Goldberg (Hg.), The Future of Psychoanalysis. Madison, CT.

Rothstein, A. (1986): The Reconstruction of Trauma; its Significance in Clinical Work. Madison, CT.

Ernest S. Wolf

Optimale Responsivität und der Unterbrechungs-Wiederherstellungs-Prozeß

Summary: Optimal Responsiveness and Disruption-Restorations in the Therapeutic Process

The author using Bacal's concept of „optimal frustration“, as compared to the prior self psychological use of this concept, reformulates his own concept of the disruption-restoration-process. He introduces and defines the term „optimal responsiveness“ and views it as an essential part of the analyst's technique, to be used in responding to the patient's unconscious signals, to understand them and to be used in interpretation. A prerequisite is optimal empathy. It is needed to establish an understanding ambience in which the patient feels at ease. The author then discusses the adjective „optimal“ and finds epistemologically four dimensions, namely outer objective data and inner subjective data for both persons engaged in the psychoanalytic process. For optimal responsiveness it is of fundamental importance to observe the various selfobject transferences within the relationship. If these can be understood transmuting internalization becomes possible. Based on this background a new understanding of the concept of disruption-restoration-process can take place. Finally it is shown, using a moving vignette, how the analyst's own limitations in optimal responsiveness lead to disruptions and how they were repaired.

I.

Die theoretische Diskussion und die klinische Anwendung des Konzepts der optimalen Responsibilität wurde für die psychoanalytische Selbstpsychologie zu einem vitalen Interesse; spätestens seit Bacal (1985) seine Modifikation des Konzepts der optimalen Frustration einführte. Angeregt durch Bacals anhaltendes Interesse an diesen Konzepten, konzentrierte sich die gegenwärtige Diskussion auf die verschiedenen Aspekte des therapeutischen Prozesses.

Eine wichtige von Bacal aufgeworfene Frage führte dazu, unsere bisherigen Auffassungen über den Unterbrechungs-Wiederherstellungs-Prozeß neu zu überdenken. Nahezu alle Analytiker konnten feststellen, daß es selbst in den besten therapeutischen Beziehungen nahezu unvermeidlich ist, daß es früher oder später zu Schwankungen kommt, die die Selbstobjekt-Bindung zwischen Therapeut und Patient bedrohen. Im allgemeinen sind die Therapeuten in der Lage, diesen Entwicklungen durch angemessene Reaktionen zu begegnen. Ich schlug vor (Wolf 1988, 1993), daß es für den weiteren korrekten Fortgang der Therapie ein notwendiger erster Schritt wäre, wenn der Therapeut schuldlos akzeptiert, für die drohende oder bereits eingetretene Unterbrechung (des optimalen Kontakts; der Übers.) verantwortlich zu sein. Der darauf folgende Dialog führt dann oft zu einer Wiederherstellung der Selbstobjekt-Bindung; gefolgt von einem Gefühl, sich wieder sicher fühlen zu können, und zwar für beide beteiligten Personen, Analytiker wie Analysand.

Die optimale Responsibilität[1] ist in der Selbstpsychologie für den therapeutischen Prozeß entscheidend, vielleicht der wichtigste Aspekt überhaupt. Sie ist dabei aber in diesem

---

1 Gemeint ist eine besondere Fähigkeit oder Fertigkeit, auf die Signale seitens des Patienten optimal zu reagieren, zu antworten, kreativ damit umzugehen. Dazu gehört, wie der Wortteil „ibility“ andeutet, eine gewisse „ability“, deutsch: Fähigkeit oder Fertigkeit. Andererseits bedeutet „response“ nicht nur Antwort, sondern auch im Hinblick auf das Wort „responsibility“ auch eine gewisse Ver-antwort-ung; der Übers.

komplizierten Prozeß nur ein Aspekt unter mehreren. Deshalb ist es für eine angemessene Untersuchung des therapeutischen Prozesses notwendig, alle dazu gehörigen Aspekte näher anzuschauen. Dabei kann es durchaus sein, daß wir zu neuen Definitionen dessen kommen, was bisher unser Denken bestimmte.

II.

Die gegenwärtige Selbstpsychologie besteht aus theoretischen und klinischen Modifizierungen der klassischen Psychoanalyse, wie sie noch von Heinz Kohut selbst und danach von seinen Nachfolgern eingeführt wurden. Einige dieser Modifikationen ergaben sich aus Kohuts Interesse an einer präziseren Definition dessen, was psychoanalytische Wissenschaft ausmacht. Außerdem interessierte er sich für die Beziehung zwischen der Art der Datengewinnung und der Theorie (Kohut 1959). Wissenschaftliche Gebiete sind zwangsläufig durch Methoden ihrer Datengewinnung begrenzt. Kohut definierte Psychoanalyse als Wissenschaft, die sich mit komplexen seelischen Zuständen befaßt, die sie durch systematische Introspektion und Empathie erforscht hat. Jeder klinische psychoanalytische Ansatz, der auf diesen Grundsätzen beruht, kommt an der zentralen Bedeutung der durch Empathie gewonnenen Daten nicht vorbei (Kohut 1968). Das heißt mit anderen Worten: Die Selbstpsychologie beruht durchweg auf subjektiven Erfahrungen, selbst dann, wenn wir eine von der Erfahrung eher ferne Sprache benutzen, um das wahrgenommene innere seelische Geschehen zu beschreiben.

Die Menschen kommen in psychoanalytische Behandlung, weil sie an den Symptomen eines geschwächten oder desorganisierten Selbst leiden. Deshalb ist es auch das Ziel, dieses geschwächte Selbst wieder zu stärken (Wolf 1988). Schon allein das durch empathisches Verstehen geschaffene Milieu ist denkbar geeignet, das meist in seiner Entwicklung pathologisch festgefahrene Selbst zu stabilisieren. Zusätzliche erklärende Interpretationen, die die ätiologische Verbindung zwischen Trauma und Symptom beleuchten, fördern die Stabilisierung nachhaltig. Der Patient erfährt den Analytiker wie einen verstehenden wichtigen Anderen, der für die nötige Anerkennung sorgt und der für idealisierende und Alter-ego-Erfahrungen ebenso zur Verfügung steht wie für vitalisierende und verändernde Selbstobjekt-Erfahrungen. Die Selbstpsychologie wird von denen, die sich mit ihrem modernen Denken noch nicht näher befaßt haben, oft dahingehend mißverstanden, daß sie den Patienten lediglich mit Sympathie oder Mitgefühl begegne. In Wirklichkeit erfordert eine den therapeutischen Prozeß fördernde Atmosphäre eher ein begrenztes Setting innerhalb realistischer Erwartungen. Den Selbstpsychologen sind wohl gesetzte Konfrontationen nicht fremd. Sie betrachten sie aber nicht als das einzige Ziel, sondern als Teile empathisch gefundener Klärungen im Dienste wechselseitiger Bereicherung.

Kehren wir nun aber zu den von Bacal aufgeworfenen neuen Vorstellungen zurück und versuchen wir, seiner Auffassung von optimaler Responsibilität näher zu kommen. Was meint er mit „optimal"? Seine Definition orientiert sich streng an der Wirkung auf den Patienten. Alles, was die therapeutische Wirkung auf den individuellen Patienten erhöht, ist definitionsgemäß für diesen „optimal"; mag sie nun von der Art und Weise einer verbalen Deutung abhängen, von einem bestimmten Verhalten oder auch von einem bestimmten Nicht-Handeln auf seiten des betreffenden Analytikers. „Optimal" scheint deshalb ein Standpunkt zu sein, der sich total auf den Patienten bezieht. Dies ist aber nicht Bacals Idee. Dieser insistiert vielmehr im Sinne seiner Theorie der Spezifität darauf, daß der Therapeut ein essentieller Teil der Interaktion darstellt. In dieser Sicht ist „optimal" nicht nur eine speziell wirksame therapeutische Erfahrung für den betreffenden Patienten, sondern auch eine Erfahrung, die die Wirksamkeit des Therapeuten maximal erhöht. Dies bedeutet darüber hinaus, daß sich der Patient als „guter" Patient und der Therapeut als „guter" Therapeut erlebt. Dies mag nun im Hinblick auf den therapeutischen Prozeß als eine höchst unnötige Komplizierung des Sachverhalte erscheinen. Der Sachverhalt ist aber in der Tat kompliziert, weil wir es in der Selbstpsychologie für wichtig halten, das Geschehen mindestens von zwei Standpunkten aus gleichzeitig zu beschreiben: Vom Standpunkt eines außen stehenden Beobachters, dem objektiv wissenschaftlichen Standpunkt, und gleichzeitig vom Standpunkt der erlebenden Person, im Sinne einer subjektiven phänomenologischen Erfahrung, die aber deswegen keinesfalls weniger wissenschaftlich ist. Somit erfordert die anscheinend simple Transaktion eines therapeutischen Geschehens mindestens vier Dimensionen, jeweils bezogen auf jede der beiden am Geschehen beteiligten Personen. Die eine davon bezieht sich auf das direkt beobachtbare Verhalten, die andere auf das indirekt erschließbare intersubjektive Erleben. Eine fünfte Dimension würde sich nicht auf die einzelnen Personen beziehen, sondern auf die Beziehung zwischen beiden: Der intersubjektive Standpunkt.

Das, was wir mit „optimal" meinen, führte uns somit zu vier Dimensionen, von denen jede ein maximales Ziel anstrebt, und zwar jeweils auf die direkt objektiv beobachtbare und indirekt erschließbare Dimension. Wir wünschen uns einen – direkt beobachtbaren – maximal therapeutischen Effekt und eine – subjektiv erfahrbare – maximale Stabilisierung des Selbst des Patienten. Analog wünschen wir uns eine – direkt beobachtbare – maximale Funktion des Therapeuten und eine – subjektiv erfahrbare – maximal bereichernde Selbsterfahrung auf seiten des Therapeuten. Bacals Spezifitätstheorie zeigt uns, daß wir nicht nur eine der genannten vier Dimensionen wählen können. Die verschiedenen Interaktionen sind so eng miteinander verbunden, daß wir entweder alle vier erfassen oder keine. Ich vermute, daß es gerade diese dichte interaktive Verbundenheit ist, die uns dahin geführt hat, von dem zu sprechen, was wir heute als Konzept der Intersubjektivität bezeichnen. Dennoch scheint es mir für bestimmte Zwecke, für die dieser Beitrag ein Beispiel ist, nützlich, die einzelnen Bestandteile der therapeutischen Begegnung getrennt zu erörtern.

Diejenigen Daten, die wir in therapeutischen Interaktionen durch empathisches „Eintauchen" via Introspektion und Partizipieren (am gemeinsam geteilten psychoanalytischen Prozeß; der Übers.) gewonnen haben, passen sehr gut zu dem, wie wir oben die klinische Begegnung beschrieben haben. Ich glaube, daß wir mit dieser engen Übereinstimmung von (klinischen; der Übers.) Daten und (theoretischen; der Übers.) Konzepten dem nahekommen, was Kohut mit „erfahrungs-nah" meinte. Und ich kann auf der Basis meiner jahrzehntelangen psychoanalytischen Tätigkeit hinzufügen, daß wir damit wirklich Beschreibungen gefunden haben für etwas, was wir beobachten können. Wie erklären wir aber diese Beobachtungen mit Hilfe unserer selbstpsychologischen Theorien? Oder besser: Inwieweit müssen wir unsere Theorien modifizieren, damit sie zu diesen Beobachtungen passen?

Zunächst muß uns klar sein, daß die Selbstobjekt-Beziehungen immer bis zu einem gewissen Grad reziprok wechselseitig ablaufen. Es gibt keine therapeutischen Begegnungen, die als Einbahnstraße vom Therapeuten zum Patienten ablaufen, ohne daß der Therapeut involviert wäre und ohne daß er sich in seinem Selbst änderte. Daraus folgt, daß in jeder Selbstobjekt-Beziehung die beiden am Prozeß partizipierenden Personen eine Wirkung aufeinander ausüben, die nicht notwendigerweise therapeutisch sein muß. Diese Wirkung mag im Hinblick auf die Selbst-Kohäsion des anderen angenehm bereichernd, schädlich oder neutral sein. In einer Selbstobjekt-Beziehung mit therapeutischen Zielen wünschen wir uns natürlich einen jeweils stärkenden Effekt auf jeweils eine der beiden am gemeinsamen Prozeß beteiligten Personen. Auf diese Weise würde der stärkende Effekt eines Therapeuten auf den Patienten sich auch stärkend auf das Selbst des Therapeuten auswirken. Wir können im quantitativen Sinn hinzufügen: Je stärkender für den einen, um so stärkender für den anderen.

Nun möchte ich mich dem Begriff „Responsibilität" zuwenden. In einer ersten Annäherung bedeutet Responsibilität die Summe aller Reaktionen einer Person auf die Signale einer anderen Person. Dazu gehören die Intensität, die Schnelligkeit dieser Reaktionen und das Ausmaß der affektiven Einstimmung, sei diese nun modal, kreuz-modal oder wie auch immer (im Hinblick auf die einzelnen Sinneskanäle; der Übers.).

Wenn wir aber allzusehr auf diese Einstimmung Wert legen, laufen wir Gefahr, die subjektive Erfahrung per se zu verfehlen, die als therapeutisch wirksam gilt; nicht die Art, wie diese entsteht. Sobald wir nämlich das „Subjektive" und die „Erfahrung" des Patienten ins Spiel bringen, vergessen wir leicht die Selbstobjekt-Funktion, die die jeweils andere Person für einen Menschen hat. Responsibilität können wir daher nicht als eine Einbahnstraße erfassen. Wir haben es vielmehr immer mit ganzen Serien von Ereignisse zu tun, die wechselseitig und reziprok gleichzeitig auf zwei Wegen ablaufen. Dies trifft für alle zwischenmenschlichen Beziehungen zu, nicht nur für therapeutische.

Mit Kohuts Begriff der „optimalen Frustration" hängt auch das Konzept der „transmuting internalisation"[2] zusammen. Kohut schuf den Begriff in Anlehnung an Freuds Konzept des Trauerns: Erinnerungen an das verlorene Objekt gelangen in den Vordergrund des Bewußtseins und werden in Verbindung mit einer Identifikation mit dem verlorenen Objekt durchgearbeitet. Das neue introjizierte Objekt wird für den Trauernden zu einem Teil seines Ich. Es ist leichter, sich von einem introjizierten Objekt zu lösen als von einem wirklichen Objekt. In der „strukturbildenden Verinnerlichung" führen die zahllosen Mikrotraumatisierungen dazu, daß die Fähigkeit des Selbst, als Ersatz für das verlorene und deswegen frustrierende Selbstobjekt zu fungieren, graduell zunimmt. Kohut hat in der Tat recht, wenn er feststellt: Das Ergebnis aller therapeutisch wirksamen Ereignisse besteht darin, daß das Selbst diejenigen Fertigkeiten erwirbt,

2 Wörtlich: „verwandelnde Verinnerlichung". Gemeint ist eine strukturelle Veränderung im Selbst; wie bei einer Identifizierung, die definitionsgemäß strukturbildend wirkt; also so etwas wie eine strukturbildende Verinnerlichung; der Übers.

die vormals die Selbstobjekte wahrgenommen haben. Wenn wir aber wie hier auf die subjektive Erfahrung und die interaktiven Aspekte der Selbstobjekt-Erfahrungen abheben, ziehe ich es vor, die neuen Fertigkeiten als Folge einer inneren Neuordnung der einzelnen Bestandteile des Selbst zu begreifen; eine neue Konfiguration, die ihrerseits wieder das Potential für neue Erfahrungen und neue Reaktionen ermöglicht. Eine derartige Neuordnung wird dann erleichtert, wenn sich gewisse Bindungen in der Selbststruktur im Zuge regressiver (desorganisierender) Prozesse lösen, wie sie wirksame therapeutische wie auch andere regressive Erfahrungen begleiten. Damit treffen wir auf ein beliebtes traditionelles Konzept der Psychoanalyse, nämlich die Regression im Dienst des Selbst. Ich komme auf diejenigen Prozesse, welche die Neuordnung ermöglichen, im einzelnen zurück.

Nun habe ich Begriffe und Definitionen geklärt und neu definiert, die aus der traditionellen Psychoanalyse stammen, aus der Ich-Psychologie und aus der Frühphase in Kohuts Denken, die auch die gegenwärtige Selbstpsychologie entscheidend prägen. Nun kommen wir zu einem zentralen Gegenstand dieses Beitrags, nämlich zu den gewaltigen Auswirkungen, die eine optimale Responsibilität auf den Unterbrechungs-Wiederherstellungs-Prozeß hat.

III.

Zuerst möchte ich den Unterbrechungs-Wiederherstellungs-Prozeß skizzieren. Ich werde davon ausgehen, wie sich während einer klinischen Psychoanalyse ein therapeutischer Prozeß entwickelt. Wenn ich so vorgehe, umgehe ich all die Fragen, die sich darum drehen, wie ein derartiger Prozeß zustande kommt, welche Voraussetzungen dazu erfüllt sein müssen und welche Ängste und Befürchtungen (d. h. Widerstände in der Sprache der traditionellen Psychoanalyse) dabei eine Rolle spielen; alles Faktoren, die das Zustandekommen einer produktiven Beziehung zwischen

Patient und Therapeut stören können. Nehmen wir daher an, daß zwischen Patient und Therapeut bereits eine kreative und produktive Arbeitsbeziehung existiert: in der Sprache der traditionellen Psychoanalyse eine therapeutische Allianz. Wie ist nun die Beziehung der am therapeutischen Unternehmen zusammenarbeitenden Personen charakterisiert?

Ein außenstehender Beobachter kann dabei feststellen, daß die beiden Menschen miteinander reden, meist ganz entspannt, aber, abhängig vom Inhalt des Dialogs, gelegentlich angeregt, vielleicht sogar erregt. Ausgedehnte Monologe des Patienten würden vom Therapeuten durch Bemerkungen, Fragen und, von Zeit zu Zeit, durch Deutungen unterbrochen. Käme es zu Phasen mit Schweigen, würden diese meistens nicht sehr lange dauern und eher introspektiv nachdenklich wirken und nicht so, als ob beim anderen eine Reaktion ausgelöst werden soll. Der Ton des Dialogs wäre meist ruhig, aber interessiert und freundlich; ganz im gemeinsamen Bemühen um Fortschritt. Der neutrale Beobachter käme wahrscheinlich zu dem Ergebnis, daß es sich um zwei Menschen handelt, die einander schätzen und sich in der Art und Weise ihres Austausches durchaus wohl fühlen. Natürlich gilt all das, was ich hier als Beobachter beschreibe, auch für die beiden am Prozeß teilnehmenden Personen.

Was wäre die jeweilige subjektive Erfahrung des therapeutischen „Paars“ (verzeihen Sie bitte meine Paraphrasierung des Winnicottschen Ausdrucks). Verglichen mit den meisten Außenbeziehungen werden beide wohl ein verstärktes Gefühl des Wohlbefindens haben. Das heißt aber nicht, daß sich Patient und Therapeut nur dann gut fühlen, wenn sie jeweils therapeutisch engagiert sind. Es steckt jedoch ein Körnchen Wahrheit in der Feststellung, daß sich die beteiligten beiden Menschen nur dann gestärkt fühlen, wenn die therapeutische Beziehung sich wodurch echtes Engagement auszeichnet, verbunden mit vermehrter Selbstachtung und einem deutlichen Gefühl des Wohlbehagens. Im Grunde ist das die Erfahrung, die Kohut immer wieder machte, als er noch klassischer Analytiker war, eine Erfahrung die ihn dazu führte, die Selbstobjekt-Beziehung zu entdecken, auf die er dann seine Modifikation der psychoanalytischen Theorie und klinischen Praxis aufbaute.

Wenn wir uns auf die Formulierungen der psychoanalytischen Selbstpsychologie beschränken, dann können wir formulieren: Die beiden am therapeutischen Prozeß beteiligten Menschen dienen einander als Selbstobjekt, was jedem die Kohärenz von das Selbst stärkenden Selbstobjekt-Erfahrungen ermöglicht. Es ist dabei nicht erforderlich, diese als spiegelnde, idealisierende, Alter ego, gegensätzlich belebende oder wirksame Erfahrung zu spezifizieren. Ich möchte diesen etablierten therapeutischen Dialog lieber als ein Geschehen charakterisieren, bei dem die herrschende Atmosphäre ganz entscheidend ist. Dabei wird deutlich, daß diese den Prozeß entscheidend beeinflussende Atmosphäre von der optimalen wechselseitigen Responsibilität bestimmt wird.

Nahezu unvermeidlich ist, daß diese wohltuende Atmosphäre beeinträchtigt werden oder gänzlich abbrechen kann. Die optimale und wechselseitige Responsibilität kann nur über einen hohen Grad wechselseitiger Übereinstimmung von Patient und Therapeut aufrechterhalten werden. Therapeut und Patient sind beide offensichtlich sehr menschlich, und daher, ebenso offensichtlich, unvollkommen. In Ergänzung zu dem, was sie bewußt beabsichtigen, unterliegen sie unbewußt determinierten, individuellen inneren Programmen; zumindest bis zu einem gewissen Grad. Es existiert auch eine unbewußte Diskrepanz zwischen den inneren Programmen der beiden am Prozeß Beteiligten. Unter diesen unzähligen Möglichkeiten könnte es ein angstbesetztes Bedürfnis des Patienten sein, sich vor einem Therapeuten, der in ambitionierter Weise alles über seinen Patienten wissen will, wegen einiger beschämender Gedanken verbergen zu müssen.

Trotz oder gerade wegen der wechselseitigen Verpflichtung auf die therapeutischen Ziele und Methoden spürt der Therapeut ebenso die Ängste des Patienten wie der Patient die Frustration des Therapeuten; jeweils mit einem gewissen Unbehagen. Jeder empfindet den anderen so, als ob er nicht mehr ganz versteht, um was es geht; mit anderen Worten, als ob er nicht mehr auf das eigene Selbst und sein inneres Programm eingestimmt ist. Das allein genügt schon, um die gute Atmosphäre empfindlich zu stören. Der Patient erfährt den Therapeuten irgendwie als fremdartig; so als ob er sich nicht mehr genügend um ihn kümmere oder mehr an seinen eigenen Anliegen interessiert sei als an denen des Patienten. Dann ist der Therapeut nicht mehr die Quelle aller benötigter das Selbst stärkenderSelbstobjekt-Erfahrungen. Die Folge ist, daß das Selbst des Patienten an Kohäsion verliert und anfängt, sich zu desorganisieren und in einen fragmentierten Zustand zu regredieren. Die Fragmentierung erkennen wir an Symptomen, die für jeden Patienten charakteristisch sind. Einige dieser Symptome sind für den Patienten subjektiv sehr unangenehm, wie Ängste oder Depressionen. Andere zeigen sich in Form von Ausagieren wie bei einem sich selbst schützenden Ärger. Wieder andere sind direkter Ausdruck eines scheiternden Selbst, das nicht mehr effektiv genug funktioniert; womöglich mit eingeschränkter kognitiver Urteilsbildung. Der Therapeut wird die veränderte Atmosphäre in seinem Behandlungszimmer schnell wahrnehmen, die plötzliche Spannung oder Kälte, so schwach die Symptome des Patienten auch sein mögen.

Auch der Therapeut wird seinerseits einen gewissen Verlust von Selbstobjekt-Erfahrungen in Richtung einer desorganisierenden Fragmentierung empfinden. In diesem Zustand können wir aber davon ausgehen, daß der Therapeut in der Lage ist – aufgrund seiner eigenen therapeutischen Analyse so wie seiner professionellen Weiterbildung – mit den eigenen regressiven Tendenzen umzugehen. Nur so kann er den desorganisiernden Prozeß begrenzen und das tun, was notwendig ist, um das frühere förderliche Milieu in der therapeutischen Situation wieder herzustellen. So kann er wieder vom Patienten als optimal verstehend wahrgenommen werden.

Der erste Schritt in diesem Wiederherstellungsprozeß ist, daß der Therapeut die Verantwortung für die Unterbrechung übernimmt, egal durch welche Maßnahme oder Unterlassung diese entstanden ist. Damit meine ich nicht, daß sich der Therapeut beschuldigt oder schuldig fühlt, sondern nur, daß er einräumt, an der entstandenen Unterbrechung beteiligt gewesen zu sein. Das entlastet die Patienten etwas von den Schuldgefühlen, an denen sie ohnehin gewöhnlich leiden.[3] Noch wichtiger ist aber, daß dann, wenn der Therapeut seine Verantwortung an der entstandenen Unterbrechung übernommen hatt, eine ausgiebige Diskussion darüber entsteht, was der Patient seit der Unterbrechung alles erlebt hat. Dann stehen die Chancen gut, daß beide am Prozeß Beteiligte den Mut haben, ihren Anteil an der Unterbrechung zu übernehmen und darüber zu sprechen; mit dem Ergebnis, daß die optimale Responsibilität wiederhergestellt ist und damit auch die jeweilige Kohäsion im Selbst beider beteiligter Menschen.

Lassen Sie mich noch ein paar Worte über den Prozeß sagen, der die Kohäsion des Selbst wieder ermöglicht. Die Unterbrechung war ja durch eine regressive Desorganisation des Selbst mit Verlust seiner Kohäsion in Richtung auf beginnende Fragmentierung entstanden. Von außen gesehen können wir uns vorstellen, daß die Bestandteile des Selbst nicht mehr gut gebündelt sind, vielmehr nur noch locker zusammen gehalten werden. Diese Auflockerung ermöglicht es aber gerade, daß sich die einzelnen Bestandteile des Selbst in einer leicht veränderten Konfiguration wieder zusammen fügen. Während der prä-kohäsiven Phase der Kindheit konstituiert sich das Selbst auch erst in Reaktion auf die Umstände der Umgebung, um sich optimal an die herrschenden Bedingungen, einschließlich der elterlichen Selbstobjekte, anzupassen. Ähnlich dynamische Bedingungen herrschen in der therapeutischen Situation während der Unterbrechung des Dialogs, wobei dann der Therapeut in der Position eines Elternteils ist. Wichtig ist, daß die gelockerten Bestandteile des Selbst eine Neuordnung erlauben, die dem umgebenden

3 Der Therapeut weiß, daß er an dem, was sich zwischen den beiden beteiligten Personen abspielt, ganz wesentlich aktiv beteiligt ist – im Gegensatz zu den Eltern des Patienten in dessen Kindheit. Diese Auffassung mag einer aktuellen zeitgemäßen Version von Franz Alexanders „korrigierender emotionaler Erfahrung“ entsprechen.

therapeutischen Milieu gemäß ist. Dies gilt gleichermaßen für den Therapeuten wie für den Patienten. Die Veränderung auf seiten des Therapeuten erlaubt es diesem, optimaler zu reagieren.

Die folgende Vignette illustriert etwas von dem, was wir hier diskutieren.

Ein junger Rechtsanwalt erzählte im dritten Jahr seiner Analyse, daß seine Katze gestorben sei. Er hatte die Katze bislang nie erwähnt, und wenn, dann ganz flüchtig. Ich erkannte den Verlust an, ohne jedoch irgend ein Gefühl dabei zu empfinden. Eine Phase des Schweigens folgte, und ich sagte dann etwas in der Art „Machen wir weiter". Wieder Schweigen. Jetzt sagte ich, daß die Katze für ihn wohl sehr wichtig gewesen sei und daß ihr Verlust für ihn sehr schmerzlich sei. Ja, die Katze – er gebrauchte ihren Namen – bedeutete sehr viel für ihn, aber er könne sich nicht vorstellen, daß ich das verstehen würde. Seine Stimme klang verärgert. Während der nächsten Sitzung war er immer noch verärgert, wie ich schnell an seiner kalten ärgerlichen Stimme bemerken konnte. Ich deutete, daß er ärgerlich sei über mich, weil ich nicht mehr Anteilnahme gezeigt hätte. Ja, stimmte er zu, er habe nicht gedacht, daß ich mich wirklich um ihn gekümmert habe, genau wie seine Mutter, die immer nur so tat, als ob sie sich um ihn kümmere. Die Mutter pflegte immer große Besorgnis an den Tag zu legen, wenn andere Leute im Spiel waren, aber sie sorgte sich nicht wirklich um ihn. Ich bestätigte, daß Haustiere für mich nicht so wichtig seien wie für ihn und daß er meine Bemerkungen so verstanden habe, als ob ich, ähnlich wie früher seine Mutter, die Anteilnahme nur vortäusche.

Hier sehen wir die einzelnen Aspekte, die eine optimale Responsibilität ermöglichen oder, wie in unserem Fallbeispiel, verhindern.

Schauen wir uns den Patienten näher an, dann merken wir rasch, daß seine Responsibilität insofern beeinträchtigt war als er länger als üblich schwieg, nachdem der Analytiker den Verlust bereits anerkannt hatte. Vielleicht war er in seinem Selbst aber schon durch den Verlust allein beeinträchtigt, weil ihm seine Katze wichtige Selbstobjekt-Erfahrungen ermöglichte. Ein derart akuter Verlust entscheidend wichtiger Selbstobjekt-Erfahrungen muß das Selbst nicht notwendigerweise so erschüttern, daß es sofort an deren Stelle andere Selbstobjekt-Erfahrungen benötigt. Wenn ein Verlust aber derartige Bedürfnisse hervorruft, dann führt dieses verstärkte Bedürfnis zu einer wachsenden Empfindlichkeit gegenüber kleinsten Veränderungen, die sich auf alle Beziehungen auswirkt.

Diese Überlegungen führen uns zu den subjektiven Erfahrungen des Patienten. Wie wir gerade vermutet haben, kam es zu einer zunehmenden Empfindlichkeit wegen des schmerzlichen Verlusts der Katze. Wie dem auch sei: Das neutrale, abgehobene und sogar kalte „Machen wir weiter" könnte dieser spezielle Patient als ein aus Unfähigkeit herrührendes Desinteresse empfunden haben oder – noch schlimmer – als einen absichtlichen Ausdruck von Desinteresse. Hinzuzufügen bleibt, daß es durchaus Patienten gibt, die eine neutrale Haltung als optimale Reaktion empfunden hätten. Dazu gehören Menschen, die in einer Umgebung aufgewachsen sind, in der sich die Eltern in extremer Weise emotional um ihre Kinder kümmerten. Diesen Menschen ist die ruhige unemotionale Neutralität eines desinteressierten Beobachters gerade recht. Dieser Patient aber war anders und wünschte eine warme emotionale Anteilnahme, die ihm den Verlust des geliebten Haustiers ersetzen sollte. Der Erfahrung von Schmerz und Trauer folgten Ärger und feindseliges Schweigen und schließlich Vorwürfe gegenüber dem Therapeuten, daß der diese Gefühle nicht verstehen könne.

Das direkt beobachtbare Verhalten des Therapeuten haben wir schon beschrieben. Dabei kann eine derartige Beschreibung nie objektiv sein. Sie schließt immer einige Werte und Urteile des beschreibenden Beobachters ein, sei dieser nun der Patient oder ein anderes Individuum, das eher wissenschaftlich distanziert und weniger teilnehmend ist.

Schließlich darf die Bedeutung der inneren Erfahrung des Therapeuten nicht überschätzt werden. Im Hinblick auf das Fallbeispiel kann ich mich genau an das erinnern, was ich fühlte. Zuerst registrierte ich durchaus eine begrenzte Anteilnahme, wobei ich mich daran erinnerte, wie meine Hunde starben. Meine Bindung an diese Tiere war durchaus vorhanden, aber nie so intensiv, wie ich das gelegentlich bei anderen beobachtete. Meine Haltung hat eine lange Vorgeschichte, die bis in die Volksschule zurückreicht. Mein verehrter alter Lehrer, der schon Lehrer meines Vaters war, bemerkte einmal bitter, daß es Leute gebe, die Geld an einen Tierschutzverein spenden würden. Er erzählte seinen Schülern, daß, solange Menschen in dieser Welt leiden würden, jede Spende dazu verwendet werden müßte, um diesen leidenden Menschen zu helfen und nicht den Tieren. Er glaubte im Grunde, daß Menschen mehr Unterstützung verdienen als Tiere. Diese Überzeugung habe ich so übernommen. Dazu kommt, als Auswirkung früherer Erfahrungen, eine generelle Tendenz, eher unemotional zu erscheinen und meine Gefühle nicht so offen auszudrücken. Zu dieser wenig ausdrucksstarken Haltung kann sogar ein Zug von Arroganz denen gegenüber hinzukommen, die sich nicht dagegen wehren können, ihre Gefühle zum Ausdruck zu bringen. Kein Zweifel, einige meiner inneren Erfahrungen wurden meinem Patienten vermittelt – spätestens als ich nüchtern äußerte „nun weiter“. Obwohl ich erkannt hatte, daß er sich durch mich verletzt fühlte, und obwohl ich versucht hatte, seinen schmerzlichen Verlust dadurch zu heilen, daß ich auf dessen große Bedeutung einging, hielt die Unterbrechung kontinuierlich an. Als er mir ärgerlich Vorwürfe machte, ich würde ihm wie seine Mutter Gefühle nur vortäuschen, enthüllte sich ihm ebenso wie mir die vorherrschende Mutter-Übertragung. Viele von uns betonen den großen Wert derartiger Einsichten (durch Deutungen der Übertragung; der Übers.). In Wirklichkeit veränderte das die Unterbrechung unseres Kontakts nicht. Sie hielt so lange an, bis ich meine Rolle an ihrem Entstehen einräumte. Genau an dieser Stelle begann sich die gespannte Atmosphäre langsam zu ändern. Anschließend war der Patient in der Lage, mich so zu akzeptieren wie ich bin, und ich konnte ihn ebenso akzeptieren, wie er ist. Die Beziehung entwickelte sich in eine Richtung, in der zwei Menschen, die in vielen Dingen verschiedener Meinung sind, sich dennoch im gemeinsamen therapeutischen Unternehmen wechselseitig akzeptieren. Wechselseitige Akzeptanz heißt zu akzeptieren, daß wir alle allzu menschlich sind. Damit hätten wir auch das unvermeidliche Auf und Ab akzeptiert, das jede Beziehung ins Schwanken bringt, ohne deswegen schmerzliche Themen zu vermeiden, ohne jemand bloßzustellen, aber immer auf der Suche nach Verstehen. Das ist optimale Responsibilität. Was will man mehr?

Aus dem Amerikanischen von Peter Kutter.

Literatur

Bacal, H. (1985): Optimal responsiveness and the therapeutic process. In: Goldberg, A. (Hg.), Progress in Self Psychology. Vol. 1. Hillsdale, NJ, S. 202–227.

Kohut, H. (1959): Introspection, empathy, and psychoanalysis. J. Amer. Psychoanal. Assn. 7: 459–483. (Deutsch: Introspektion, Empathie und Psychoanalyse. Aufsätze zur psychoanalytischen Theorie, zu Pädagogik und Forschung und zur Psychologie der Kunst. Frankfurt a. M., 1977)

Kohut, H. (1968): The psychoanalytic treatment of narcissistic personality fisorders. Psychoanalytic Study of the Child 23: 86–113

Wolf, E. S. (1988): Treating the Self. New York. (Deutsch: Theorie und Praxis der psychoanalytischen Selbstpsychologie. Übers. v. W. Milch und I. Hilke. Frankfurt a. M.)

Wolf, E. S. (1993): Disruptions in the therapeutic relationship in psychoanalysis: A view from self psychology. Int. J. of Psycho-Anal. 74: 675–687.

Wolfgang Milch und Dieter Beckmann

Psychotherapie von schwergestörten psychosomatischen Patienten am Beispiel der Hypertonie

Summary: Psychotherapy in Severely Disturbed Psychosomatic Patients with Hypertension

In specific situations, patients with hypertension react with inner stress, which leads to elevated blood pressure. In selfpsychological terms this disturbance can be described as a deficit in the psychic regulation of physiological requirements. The motivational systems and their corresponding affect-states are regulated by the self. Commensurate with self-development, the disturbance in blood pressure regulation can originate at the level of the emergent self, the consolidating self, as well as in the self during the life cycle. A disturbance occurring in the phase of the emergent self requires a different therapeutic treatment: Aside from symbolic language content, the non-verbal content as the ambience, interactive peculiarities, the self-regulation, and model scenes are of particular significance.

Bei der „essentiellen“ Hypertonie handelt es sich um ein Krankheitsbild, bei dem keine körperliche Ursache nachzuweisen ist (Herrmann et al. 1996; WHO 1993). Der Blutdruckanstieg folgt häufig auf inneren Streß in spezifischen Situationen (Gerin et al. 1996; Lechin et al. 1996;

McCarty u. Gold 1996; Shimomitsu u. Töres 1996; Milch 1998). Die Störung kann als ein schweres Defizit der psychischen Regulation physiologischer Notwendigkeiten (Lichtenberg 1989), häufig in Verbindung mit einer Störung der Exploration und Selbstbehauptung, verstanden werden. Das Selbst als übergeordnete psychische Instanz integriert und reguliert sowohl Affekte als auch Motivationssysteme. Entsprechend der Selbstentwicklung kann die Störung der Blutdruckregulation sowohl auf dem Niveau des auftauchenden Selbst als auch des konsolidierten Selbst entstehen (Myers 1996; Wolf 1996). Eine Störung aus der frühen Phase des auftauchenden Selbst unterscheidet sich von derjenigen des konsolidierten Selbst und muß therapeutisch eine andere Behandlung erfahren. Bei Störungen des auftauchenden Selbst hat sich aus der zunächst mutuellen Regulation zwischen Mutter und Kind noch keine Selbstregulation entwickelt. Diese Störungen gehen also auf eine Entwicklungsphase zurück, die vor dem 18. Lebensmonat liegt und somit präsymbolisch ist (Lichtenberg 1983, 1989).

Bei präsymbolisch gestörten Patienten, die zu einer psychischen Regulierung physiologischer Funktionsabläufe nicht fähig sind, führen bestimmte Affektzustände zu einer inneren Erregung, die nicht bewußt wahrgenommen und auch körperlich nicht gespürt wird. Der mit der körperlichen Erregung zusammenhängende Affekt kann im Sinn einer Selbstregulation psychisch nicht reguliert werden (Grotstein 1990; Taylor 1992). Im therapeutischen Prozeß muß der körperliche Prozeß zunächst in eine mutuelle Regulation überführt werden, um später in eine Selbstregulation überzugehen. Erst dann ist die übliche psychotherapeutische Arbeit auf vorwiegend symbolischem Funktionsniveau möglich (Milch 1999).

Psychobiologische Regulationen

Von Geburt an dienen Affekte als primäre Motivatoren und wirken in Beziehungen regulierend und signalisierend. Sie informieren das Subjekt über den Stand der derzeitigen Interaktion und evaluieren die aktuellen Wahrnehmungen auf dem Hintergrund vergangener und gegenwärtiger Erfahrungen (Dornes 1993). Von Geburt an lassen sich Interesse/Neugier, Überraschung und Ekel beobachten, in der vierten bis sechsten Woche kommen dann Freude, im dritten bis vierten Lebensmonat Ärger und Traurigkeit, im sechsten bis siebten Monat Furcht und ab dem zweiten Lebensjahr Scham und Schuld hinzu (Krause 1983, 1990). Das Auftreten der Affekte geht bei Säuglingen und Kleinkindern mit starken physiologischen Veränderungen einher (Kutter 1980, 1981). Der Körper wird als wichtigster Übermittler von Affekten zwischen Mutter und Kind benutzt. Damit sich ein Selbst als unabhängiges Zentrum zur Initiierung, Organisation und Integration der Motivationssysteme und der Erfahrung (Lichtenberg et al. 1992) entwickeln kann, benötigt das Kind die affektive Reaktion der Bezugsperson. Das gegenseitige affektive Einstimmen von Mutter und Kind bezeichnet Stern (1992) mit „Affect-Attunement“. Die beiden Interaktionspartner nehmen gegenseitig die affektive Gestimmtheit auf. Das Affect-Attunement besteht aus einem mimischen Spiegeln, also einem Widerspiegeln des Gesichtsausdrucks des anderen und sprachlichen Mustern, die rhythmisch und nach Intensitätscharakteristika das Gemeinsame der Interaktion wiedergeben. Die Körpermotorik von Kind und Bezugsperson stellt sich aufeinander ein, so daß von einem „gemeinsamen Tanz“ gesprochen wird. Zur Abstimmung zwischen Mutter und Kind gehört auch der Rhythmus und die Intensität von Sprache und Motorik (Stern 1992). Die Selbstregulation des Erwachsenen ist letztendlich davon abhängig, wie gut Bezugsperson und Kind hinsichtlich des „Interpersonal Timing“ und das affektive und im Zeitablauf Sich-Treffen (Beebe u. Lachmann 1988) zueinander passen, wobei eine gewisse Differenz durchaus entwicklungsförderlich ist. Die Repräsentanzen der Interaktionsstrukturen führen zur Integration der mutuellen Regulation und der Selbstregulation (Beebe et al. 1992).

Die Mutter kann das, was das Kind für sie ausdrückt, in einem anderem Kommunikationsmodus wieder aufnehmen. Sie kann den Rhythmus der Bewegung des Kindes mit rhythmischer Lautmalerei begleiten. Da die Anwort nicht im selben, sondern in einem anderen Modus erfolgt, dabei das gleiche ausgedrückt wird, sich die Gefühlsqualität unabhängig von dem Kommunikationsmuster nicht ändert, spricht Stern (1992) von einer von dem jeweiligen Kommunikationsmodus unabhängigen Einstimmung auf den affektiven Zustand. Das Kind nimmt das zeitliche Muster im Modus der Bewegung, der Sprache und der Mimik wahr und es kann sie in ihrem Rhythmus und Ablauf speichern und wiedererkennen. Es kommt das zum Ausdruck, was hinter dem Verhalten steht, der Gefühlszustand, der geteilt wird. Die Gefühlszustände werden zu gemeinsamen Erfahrungen, die die Basis für eine gegenseitige Kommunikation bilden. Sie werden zu organisierenden Bestandteilen des kindlichen Selbst, die zur Entwicklung und Integration des Selbst beitragen (Stern 1992). Unabdingbare Voraussetzung für die Strukturierung eines Gefühls ist für das Selbst der Erwerb einer festen Vorstellung von der Verläßlichkeit eigener subjektiver Erfahrungen. Die frühen Vorläufer für dieses Vertrauen werden durch die verläßliche Einstimmung der betreuenden Umgebung auf die Wahrnehmungen des Kindes und seine Gefühlsreaktionen gefestigt. Wenn früh eine verläßliche Antwort fehlte oder grob unzuverlässig war, bleibt das Vertrauen des Kindes in seine eigene subjektive Realität unvollkommen und von Auflösung bedroht, eine spezielle strukturelle Schwäche, die regelmäßig als Prädisposition für psychotische Zustände und schwere psychosomatische Krankheiten zu finden ist (Stolorow et al. 1996; Milch u. Putzke 1991). Mit der Erfahrung eines Affect-Attunements der Mutter ist für das Kind auch die Gewißheit verbunden, daß es innerlich nicht allein ist, sondern sich in Gemeinschaft mit einer anderen Seele befindet und eine Vorstellung von dem Inneren eines anderen Menschen entwickelt (Köhler 1997). Das Empfinden für das eigene Innere wird durch einen intersubjektiven Prozeß ermöglicht, indem das Kind allmählich zu begreifen beginnt, daß ein anderer Mensch auch ein „Inneres“ hat und daß dessen innere Verfassung im Augenblick die gleiche ist wie die eigene. Dieser Prozeß beginnt im fünften Lebensmonat und dauert bis ins vierte Lebensjahr hinein und ermöglicht dem Kind, über ein Konzept von dem abgegrenzten Mentalen der Mitmenschen zu verfügen.

Da nur das psychische Realität gewinnt, was geteilt wurde, geht Köhler (1997) von einer Entwicklungslinie des Teilens und des Gemeinsamen aus, zu der Affekte und Gesten, später auch inneres Erleben, „Shared Awareness“ (Sander 1962, 1976) und noch später Werte gehören. Für den Therapeuten ist es wichtig zu beurteilen, in welcher Entwicklungsphase des Mit-Teilungsbedürfnisses das Selbst des Patienten sich gerade befindet. Durch die Bildung von generalisierten Repräsentanzen interaktiver Erfahrungen (Stern 1992) werden Affekte zunehmend in eine duale Regulation eingebunden und desomatisiert (Freud 1923: „Das Ich ist zunächst ein körperliches“). Die Voraussage der Interaktion ermöglicht die Bindung an die Bezugsperson (Beebe u. Lachmann 1994). Die Bindung basiert auf der Einstimmung der Grundregulation (1.–2. Lebensmonat), durch die Einstimmung im Spiel von Angesicht zu Angesicht (3.–6. Lebensmonat), und ab dem sechsten Lebensmonat besteht ein konstantes Bindungsmuster (Köhler 1996). Mit größerer Wahrscheinlichkeit bleibt das Bindungsmuster der Kindheit bis ins Erwachsenenalter erhalten und fließt auch in die therapeutische Beziehung mit ein. Besonders Kinder, die in der „Fremde-Situation“ mit zehn Monaten ein desorganisiertes/desorientiertes Bindungsmuster aufwiesen (Ainsworth 1978), haben eine Prädisposition für psychische oder psychosomatische Störungen im späteren Leben.

Störungen der Regulation

Mit den sich erweiternden psychoanalytischen Behandlungsmöglichkeiten bekommt auch die Interaktion in der therapeutischen Beziehung zunehmend Bedeutung (Lichtenberg 1996). Für Schwaber (1996) bedeutet Interaktion in der analytischen Situation auch immer stattgehabte Interaktion und umfaßt damit eine intrapsychische Dimension. Die Interaktion zwischen Patient und Therapeut eröffnet eine Möglichkeit, das Realitätserleben des Patienten zu explorieren und zwar sehr viel direkter als Interaktionen, die sich außerhalb der analytischen Situation vollziehen. Lichtenberg (1983, 1989, 1996) nimmt an, daß Patient und Analytiker, ähnlich wie Kind und Bezugsperson, kontinuierlich aufeinander antworten und so affektive Bezüge herstellen, die Zustände von Effikanz und Kompetenz ermöglichen. Er geht davon aus, daß zwar bis zur Mitte des zweiten Lebensjahres keine Symbolisierung stattfindet, daß Kinder bis zu diesem Alter – im Gegensatz zum Erwachsenen – also nicht in der Lage sind, symbolisch zu denken. Mit sprachlichen Mitteln ist es deswegen kaum möglich, aus den Schilderungen erwachsener Patienten auf diese Zeit zurückzuschließen. Die klinische Erfahrung lehrt, daß es körperlich oder szenisch ablaufende Prozesse gibt, die mit dem üblichen psychotherapeutischen Vorgehen (als Rekonstruktion und Deutung) nicht zu verstehen und aufzulösen sind. So ist schon lange bekannt, daß Patienten mit „frühen Störungen" häufig in ihrem Handeln besser verstanden werden können als mit ihren Worten (Winnicott 1975; Balint 1970). Interaktive Prozesse können so schnell ablaufen, daß sie mit dem bloßen Auge nicht mehr wahrnehmbar sind. Erfahrungen aus den frühen regulativen Prozessen stellen sich später beim Erwachsenen als selbstregulative Fähigkeiten oder als interaktive Regulationen im intersubjektiven Kontext (z. B. Modell-Szenen) dar, die in der Therapie wiedererlebt und verstanden werden können (Schöttler 1981, 1998). Aus Interaktionen entstehen Repräsentanzen, die das Übertragungsgeschehen bestimmen.

Vor der Fähigkeit zur Symbolisierung besteht keine Möglichkeit, sich durch Phantasietätigkeit oder Abwehrmechanismen zu entlasten. Die Selbstregulation verändert sich also qualitativ entscheidend mit der Symbolisierungsfähigkeit: Während sie zunächst abhängig von der Regulation durch die Bezugsperson sehr viel konkreter und körpernäher abläuft, ist sie später abhängig von komplexen mentalen Prozessen wie Phantasietätigkeit, innerer Dialog, Verdrängung oder Abwehr, also Mechanismen, die wir aus der Behandlung neurotischer Patienten kennen. Nach Lichtenberg (1987) weisen Regulationsstörungen, die auf präsymbolische Erfahrungen zurückgehen, bestimmte Charakteristika auf:

- Die Symptome verändern sich unter aufdeckender Psychotherapie nicht.
- Es bestehen Regulationsdefizite innerer körperlicher Vorgänge (wie Essen, Verdauen, Müdigkeit und Schlafen).
- Innere Körpersignale werden nicht wahrgenommen.
- Affekte werden nur unzureichend empfunden (Alexithymie).

In der Behandlung eines erwachsenen Patienten haben sich präsymbolische und symbolische Interaktionsrepräsentanzen teleskopartig ineinandergeschoben und können in dem therapeutischen Prozeß als zwei Pole des interaktiven Geschehens durch die analytische Arbeit aufgedeckt werden. Meistens bildet im therapeutischen Prozeß allerdings die eine Dimension die Figur und die andere den Hintergrund (Beebe et al. 1992; Lachmann u. Beebe 1996). Bei der Behandlung neurotischer Patienten ist die symbolische Ebene die Figur, die präsymbolische Ebene (einschließlich der möglichen Regulationsstörungen) stellt den Hintergrund dar. Bei Patienten mit „früher" psychosomatischer Störung steht in den ersten Jahren der Behandlung die Regulationsstörung im Vordergrund, die neurotischen Mechanismen im Hintergrund. Ein .dem nicht entsprechendes Vorgehen mag den Grund dafür darstellen, daß viele schwergestörte psychosomatische Patienten in einer üblichen, auf eine neurotische

Ätiologie bezogene Behandlungstechnik die Therapie abbrechen. Erst wenn die körperliche Symptomatik Teil des mutuellen Regulationsprozesses geworden ist, werden Körperprozesse zunehmend zu einem tragfähigen Hintergrund und die symbolische Prozeßebene tritt in den Vordergrund.

Bei der Arbeit mit der präsymbolischen Dimension wechselt der therapeutische Fokus von der Selbstobjektübertragung zu der psychischen Regulation physiologischer Bedürfnisse und zurück. Diese bifokale Vorgehensweise wurde von Lachmann und Beebe (1996) durch drei organisierende Prinzipien ergänzt:
- die Beachtung der ablaufenden Regulationen,
- die Unterbrechung und Wiederherstellung der therapeutischen Beziehung,
- die Beachtung hervorgehobener affektiver Momente.

Um den therapeutischen Fokus auf die nichtverbale Dimension zu richten, ist auch die Beachtung von *Modellszenen* erforderlich. Diese aus der Vorgeschichte konstruierten modellhaften Szenen ermöglichen beispielhaft das Verständnis der psychisch organisierenden Prinzipien und ihrer unbewußten Vorstellungen (Weiss u. Sampson 1986).

Psychobiologische Regulationen am Beispiel des Affekts der Wut

Nach Ansicht verschiedener Autoren (z. B. Krause 1990) sind aversive Reaktionen bereits bei Neugeborenen zu beobachten. Im vierten Lebensmonat entwickelt der Säugling die Fähigkeit, bei Einschränkungen Wut auszudrücken, so daß bei affektiver Resonanz die autonomen Anteile des Selbst zunehmend mehr verstärkt werden. Hierbei geht die Spontanmotorik vom dopaminergen System aus, wodurch ein Wutanfall primär auch eine lustvolle Seite hat. Er geht bei einfühlsamer Zuwendung in eine freudige Zustimmung über, wodurch die Resonanz zwischen Mutter und Kind erreicht wird. Fehlt die Resonanz, läuft die Erregung ohne einen Gewinn an Selbstentwicklung ab. Normalerweise drückt ein Baby bei Verlassenheitsgefühlen im achten Monat Angst aus. Zu dieser Zeit kommt das Selbst in die Phase, auch auf Trennungen zu reagieren, wodurch es sich bei hinreichender Zuwendung deutlich etabliert. Inzwischen hat das Kleinkind die Selbstregulation des noradrenergen Systems erreicht, wenn der Ausdruck von Angst von der Mutter verstanden und in der Regel auch interpretiert wird (Beckmann u. Hinckel 1995).

Bei fehlender Zuwendung geht in dieser Entwicklungsphase ein Wutanfall leicht in einen Angstanfall über, weil ein hoher Noradrenalin-Spiegel die Synthese von Dopamin hemmt, womit auch der Affektausdruck gehemmt wird. Damit ist auch die affektive Resonanz unterbrochen, indem allein das Körperselbst in eine Alarmreaktion gerät. Insbesondere bewirkt ein hohes Noradrenalin-Niveau übererregte Wachheit, Anstieg von Blutdruck und Herzrate, eventuell auch Atmung und Temperatur. Unterstützt wird diese Fehlentwicklung durch depressiven Rückzug, weil über Noradrenalin auch ACTH das Kurzzeitgedächtnis steuert, entsteht eine übererregte Daueraufmerksamkeit, die affektleer bleibt. Im Extrem hemmt hierbei Cortisol auch das Wachstum, weil es dafür sorgt, daß der hohe Bedarf an Glucose aus den Proteinspeichern beschafft wird (Beckmann 1996).

Im Vergleich zu vielen anderen psychosomatischen Fehlentwicklungen scheint bei Hochdruckkrisen der Ausdruck von Freude und Trauer ungestört zu verlaufen. Ein liebes Kind hat fröhlich zu sein, darf auch mal trauern, aber keinesfalls wütend werden. Dies könnte ein Anker für therapeutische Zuwendungen sein. Im Vergleich zu Herzneurosen, die offenbar ihre Trennungsängste auf das Körperselbst als Ersatzpartner projizieren, sind Hochdruckkranke primär im Ausdruck von Wut gehemmt, wodurch Angst nicht erlebt werden kann. Das Körperselbst ist im vierten Monat noch instabil, wodurch insbesondere die Steuerungen über Cortisol noch weitgehend ohne Kontrolle des limbischen Systems ablaufen. Nach neueren Forschungen kann man annehmen, daß zu dieser Entwicklungszeit das Darmnervensystem dominant ist. Es sorgt bei normaler Entwicklung für eine Aktivierung des serotonergen Systems, wodurch Prolaktin und Progesteron stimuliert werden. Durch dieses System wird Entspannung, Schlaf und Wachstum gesichert (Beckmann 1996). Durch das sich gleichzeitig entwickelnde dopaminerge System wird Prolaktin, aber auch Serotin, gehemmt. Die Dendriten-Proliferation erreicht im Frontallappen um den zwölften Monat ihr Maximum. Danach wird die Motorik zunehmend kontrollierter, die Synapsendichte des Stirnhirns nimmt zugunsten von cortikalen Vernetzungen ab. Hieraus kann gefolgert werden, daß die Erfahrungen im ersten Lebensjahr eventuell einen lebenslang prägenden Charakter haben.

Patientengeschichte

Am Beispiel der Behandlung eines Patienten mit essentieller Hypertonie (Stadium III, WHO 1993) möchten wir versuchen, die beschriebenen Mechanismen zu erläutern. Es handelt sich vor allem um das Modell der mutuellen Regulierung, die zur Selbstregulierung führt, und um die Bedeutung präsymbolischer innerer Prozesse. Die Therapie wird als eine bifokale Behandlung aufgefaßt, insofern der intersubjektive Prozeß zwei wesentliche Dimensionen fokussiert: zum einen alle körperlichen Vorgänge und zum anderen das Übertragungsgeschehen. Wie Figur und Hintergrund wechselt der therapeutische Fokus von der psychischen Regulierung physiologischer Prozesse zur Übertragung und zurück.

Zum Erstgespräch erschien ein abgehetzt wirkender, adipöser und untersetzter Mann mit einem gerötetem Gesicht, der um die 50 Jahre alt war. Er bewunderte die Pflanzen im Behandlungszimmer, was den Therapeuten angesichts der offensichtlichen Kompetenz mit Stolz erfüllte. Der Patient begann das Gespräch mit einem Bericht über seine andauernden und schweren Blutdruckkrisen. Wegen der schwankenden Blutdruckwerte habe sein Internist zu einer

Psychotherapie geraten. Wegen des hohen Blutdrucks hatte er zeitweise rasende Kopfschmerzen und Sehstörungen, und Schmerzen in den Beinen zwangen ihn, nach wenigen Metern stehenzubleiben. Diese Krankheit hatte dazu geführt, daß er vor einigen Monaten seine Gärtnerei aufgeben mußte und nun nur noch auf dem Marktstand seiner Ehefrau aushalf. Auch diese, sehr viel leichtere Arbeit überforderte ihn. Er empfand Angst vor den Kunden und verspürte den Drang wegzulaufen. Auf Nachfragen äußerte er, daß er den Kunden nicht zuhören könne, daß er den Kontakt nicht aushielte. Wenn jemand an seinen Pflanzen herumfingere, könne ihm der Kragen platzen.

Schon seit ungefähr drei Jahren litt er zunehmend unter depressiven Verstimmungen, er verspürte besonders bei Streß starke Angst und Unruhe, und er hatte Ein- und Durchschlafstörungen. Es lagen schwerwiegende Beeinträchtigungen der Konzentration, des Auffassungsvermögens und des Kurzzeitgedächtnisses vor. Der Therapeut bekam den Eindruck, daß dieser sensible und verletzliche Mann ständig unter Druck stand wie in einem Zustand chronischer Wut. Gleichzeitig versuchte der Patient zu vermitteln, daß er alles im Griff hatte und in Ordnung war. Für seine inneren Reaktionen oder seine Affekte schien er unempfänglich. Über die Pflanzen hatte er einen guten Kontakt herstellen können, und der Therapeut begann, auch in den nachfolgenden Stunden, seine berufliche Kompetenz zu schätzen. Dem entsprach in der Übertragung, daß der Patient zunächst zögernd und zaghaft Zuwendung suchte, mit dem Bedürfnis nach einer bestätigenden Selbstobjekterfahrung. Auch in der weiteren Behandlung sollten die Pflanzen immer wieder eine große Rolle spielen. Mit kritischem Blick schaute er auf die Pflanzen im Behandlungszimmer, ob der Therapeut pfleglich mit ihnen umging, so als ob er an der Behandlung der Pflanzen ablesen wollte, ob der Therapeut auch pfleglich mit ihm selbst umgehen werde. Als eine der Pflanzen erkrankte und später abstarb, reagierte er darauf mit Rückzug und Schweigen. Der Therapeut sprach die Enttäuschung des Patienten über ihn und das Sterben der Pflanze an; dieser konnte das bestätigen und den Kontakt wieder aufnehmen.

Unter hoher körperlicher Anspannung sprach er in den ersten Stunden ununterbrochen. Pausenlos schien er im Einsatz, ohne dabei besonders effektiv zu sein. Er fühlte sich verpflichtet, das Geschäft für seine psychisch kranke Frau zu strukturieren, das führte aber zu einer dauernden Anspannung ohne Erholungsphasen und sehr wenig Schlaf. Kundenwünsche abzuschlagen grenzte an eine Unmöglichkeit. Dem Therapeuten fielen auch verschiedene Übergriffe von seiten der Ehefrau, der Schwiegermutter und auch der Mutter auf, die er allerdings zunächst nicht ansprach. Der Patient wirkte gegenüber diesen Übergriffen wehrlos und reagierte mit vermehrter Anspannung.

Wenn der Patient von erhöhtem Blutdruck berichtete, fielen zwei unterschiedliche Zustände auf: In dem einen fühlte sich der Therapeut stimuliert, erregt, in dem anderen spürte er die Verletzung des Patienten, seine Ohnmacht und seinen Rückzug nach innen, die ihn zu Tagträumen veranlaßten. In den zuerst erwähnten Zuständen bekam der Patient einen hochroten Kopf, er schien sehr unter Druck, wie überstimuliert, und redete dann viel, aber ohne Rhythmus und Pause, „dezentriert" mit äußeren Ansprüchen beschäftigt. Erst die ruhige, verläßliche haltende Funktion des Therapeuten führte dazu, daß er sich wieder „zentrieren" konnte und mehr zu sich zurückfand. Er mußte offensichtlich das Äußerste leisten, um die erhoffte Spiegelung zu erhalten, gleichzeitig versuchte er „alles im Griff" zu haben, um nur nicht zu abhängig zu werden, damit die Gefahr einer Verletzung nicht zu groß wurde (Verbindung des ersten Motivationssystems und des explorativen Motivationssystems nach Lichtenberg 1989). Im zweiten Fall stellte er sich auch sehr unter Druck, sein Gesicht wurde aber bleich. Häufig berichtete er dann über Erfahrungen von Ohnmacht und Kränkung, sehr viel später erfuhr der Therapeut von seiner erheblichen Wut, die sich in ihm angestaut hatte, von der er fast hätte platzen können, sich aber nicht traute, sie zu zeigen, um nicht abgewiesen oder lächerlich gemacht zu werden. Er schaltete dann den Kontakt nach außen ab und wurde psychisch weniger verletzlich. Die Zentralisation des Kreislaufs schien einem Rückzug nach innen zu entsprechen (Verbindung des ersten Motivationssystems mit dem aversiven Motivationssystem nach Lichtenberg 1989).

Das therapeutische Ambiente (Wolf 1996) versuchte der Therapeut angenehm zu gestalten. Die entspannte, ruhige Atmosphäre des Zimmers schien sich positiv auf den Patienten auszuwirken, so daß die Stunden zu einem Ruhepol in seinem Leben wurden. In der Rolle des Zuhörens und möglichst Anerkennens hatte der Therapeut das Gefühl von nur geringem Einfluß und mußte sich immer wieder zurückhalten, mit Deutungen wie in den Behandlungen neurotischer Patienten aktiv zu werden. So achtete er in der ersten Phase der Behandlung überwiegend auf seine eigene Spannung und gab dem Patienten hin und wieder Hinweise, wieviel Kraft seine Aktivitäten wohl kosteten und wieviel Anspannung ihm abverlangt würde. Auch bei sich verspürte der Therapeut die extreme Anspannung, als körperliche Resonanz auf die innere Anspannung des Patienten.

Das Interesse am Körper und der Blutdruckregulation führte dazu, daß der Patient den Blutdruck regelmäßig maß und allmählich auch Blutdruckkrisen anhand von Körpersymptomen frühzeitig wahrnahm (Anspannung, Leere im Kopf und präkordiale Beschwerden lernte er erst im Lauf der Behandlung kennen). Er selbst schien vor allem an einer lückenlosen Funktion interessiert und ließ Schilderungen über ein drittes Objekt, Spielräume, Phantasieräume oder offene Affektäußerungen vermissen. Er schien nur zu einem inneren Bezugsrahmen fähig zu sein, die Vorstellung eines abgegrenzten Mentalen anderer Menschen war ihm fremd. Insofern hatte er zum Therapeuten auch keine Objektbeziehung, sondern eine Selbstobjektbeziehung. Abstufungen von Affekten oder zwei gleichzeitig ablaufende Prozesse konnte er innerlich nicht „online" halten.

Wenn es sich anbot, verband der Therapeut in einem zweiten Schritt das Ansprechen von Anspannung damit, daß er Tag und Nacht nicht zur Ruhe kam, daß ihm der Rhythmus von Anspannung und Erholung fehlte. Er sah den Therapeuten verblüfft an, sagte ratlos, wie er das denn meine. Es verging einige Zeit, bis er dieses Thema wieder aufgriff, es vertiefte und zusammen mit dem Therapeuten überlegte, wie er Pausen in seinen Arbeitstag einbauen könnte. Schließlich nahm er sich vor, regelmäßig im Thermalbad schwimmen zu gehen. Das Schwimmen bot ihm die Möglichkeit, sich allein von zu Hause zu entfernen, und vermittelte ihm ein Gefühl von Autonomie, andere Menschen zu treffen, das Solarium zu benutzen oder im Café zu sitzen.

Es kam dann zu erheblichen Übergriffen, vor allem von seiner Mutter. Diese verlangte von ihm, Fehlauskünfte zu machen, für die er selbst aber später hätte aufkommen müssen. Der Loyalitätskonflikt brachte ihn in heftigste innere Konflikte. Als er der Mutter nicht gleich zu Willen war, begann diese ihn zu manipulieren, indem sie beispielsweise Freundinnen zu ihm schickte. Diese behaupteten, die Mutter sei akut krank und der Sohn müsse sofort kommen. Als er sich autonomer gegenüber der Mutter verhielt, schien diese sich zu beruhigen. Der Patient selbst war stolz, angemessen und fest reagiert zu haben. Er konnte die Manipulationsversuche rechtzeitig erkennen und sich dagegen wehren.

Aus einer anfänglich idealisierenden Selbstobjektübertragung wurde zunehmend eine Alter-ego-Übertragung. Er suchte nach Ähnlichkeiten, stellte fest, daß die Pflanzen, die der Therapeut in seiner Praxis hatte, seinen eigenen Pflanzen ähnlich waren und daß beide in seiner Vorstellung auch gleiche Interessen hatten. Bei dem Übertragungsprozeß handelte es sich aber keinesfalls um einen kontinuierlichen Prozeß, sondern Phasen der Übereinstimmung und der Gemeinsamkeit wurden immer wieder durch Unterbrechungen in Frage gestellt, und die Behandlungsbeziehung mußte wiederhergestellt werden (Wolf 1996). Die Situationen, in denen der Patient mit Hypertonuskrisen reagierte, sind im Zusammenhang mit nicht empfundenen Affekten (meist Reaktionen auf psychische Verletzungen, häufig Wut) zu sehen. Im Lauf der Behandlung ließ die Neigung des Patienten, auf für ihn hochindividuell verletzende oder anstrengende Situationen mit einer Blutdruckkrise zu reagieren, deutlich nach. Gegen Ende der Behandlung von ungefähr fünf Jahren (ca. 240 Therapiestunden) löste sich die Selbstobjektübertragung zunehmend auf und er nahm den Therapeuten als getrennt von sich wahr.

Therapeutische Überlegungen

Die Behandlungen von insgesamt vier Patienten mit essentieller Hypertonie wurden jeweils im Sitzen ausgeführt, mit einer Frequenz von ein- bis zweimal in der Woche. Gemeinsam war den Patienten, daß sie zunächst „alles im Griff" haben mußten, sie aber ihr Inneres hinter einer Fassade der Normalität zu verbergen schienen. In der ersten Phase der Behandlung mußten sie den aktiven Part spielen, nur um nicht abhängig zu werden. Gefühlsäußerungen waren ihnen insgesamt schwierig, vor allem Gefühle von Hilflosigkeit und Ohnmacht. Ihr Problem war es nicht nur, Gefühle nicht oder nur schwer wahrnehmen zu können, sondern auf bestimmte, manchmal nur angedeutete Gefühlszustände reagierten sie mit heftigen körperlichen Veränderungen wie dem Blutdruckanstieg. Trotz dieser Gemeinsamkeiten unterschieden sich die Patienten, die auf einem präsymbolischen Niveau gestört waren, deutlich von den beiden anderen Patienten, deren Störung später angenommen wird. Für die ersteren trafen die Kriterien von Lichtenberg (1987) zu: Trotz der therapeutischen Bemühungen veränderten sich die Symptome unter aufdeckender Psychotherapie nicht. Beide Patienten zeigten schwere Regulationsdefizite innerer körperlicher Vorgänge wie Über- und Fehlernährung, Schlafstörungen, Störungen im Zusammenhang mit körperlichen Aktivitäten (extreme Über- oder Unterforderung) sowie auch Überbeanspruchung im Beruf. Ihre Körpersignale in Form von Anstrengung, Müdigkeit, Sattheit, Muskelkater, Herzschmerzen und Beinschmerzen nahmen sie nicht wahr. Auf spezifische Affektzustände reagierten sie mit starkem Blutdruckanstieg. In ihrer psychologischen Welt schien es immer nur zwei Personen zu geben, ihr Denken war auf eine zwei Personen-Psychologie beschränkt und bot keinen Raum für Übergangsobjekte, Spielräume oder ein drittes Objekt (Milch 1997). Zu Beginn der Behandlung ließen sie keine Zeichen für Vorstellungen über das abgegrenzte Mentale eines anderen Menschen erkennen. Erst als sie ihre körperliche Anspannung oder andere körperliche Zustände und später auch mentale Zustände an sich selbst erleben konnten, nahm mit wachsendem Introspektionsvermögen auch ihre empathische Fähigkeit zu. Zunächst weigerten sie sich allerdings, bei entsprechenden Nachfragen psychischen Zugang zu anderen zu gewinnen. Gleichzeitig schienen sie mit den für sie wichtigen Objekten verschmolzen. In dem intersubjektiven Prozeß der Behandlung waren auch die Fähigkeiten zur Affektwahrnehmung und die psychische Fähigkeit zur Regulation physiologischer Prozesse gewachsen. Zu ähnlichen Ergebnissen kam auch in einer unlängst erschienenen Publikation die Bostoner „The Progress of Change Study Group" (Stern et al. 1998). Die Autoren weisen auf das implizite Beziehungswissen hin, das sich intrapsychisch von dem symbolischen Bereich unterscheidet. Dieser Bereich der analytischen Beziehung besteht in intersubjektiven Augenblicken zwischen Patient und Analytiker, die neue Organisationen in den interagierenden Personen möglich machen oder die Beziehung zwischen ihnen neu organisieren können. Die besonderen Eigenschaften dieser Momente der Begegnung („now-moments") sind Teil eines aufeinanderfolgenden Prozesses, der Weiterrücken („moving along") genannt wird und der zeigt, daß das implizite Beziehungswissen im Unterschied zum symbolischen Bereich wirkungsvolles therapeutisches Handeln möglich macht.

Literatur

Ainsworth, M.; Blehar, M. C.; Waters, E.; Wall, S. (1978): Patterns of Attachment. Hillsdale, NJ.

Balint, M. (1970): Therapeutische Aspekte der Regression. Die Theorie der Grundstörung. Stuttgart.

Beckmann, D. (1996): Bindungstheorie. In: Beckmann, D.; Beckmann, G. (Hg.): Vom Ursprung der Familie. Gießen, S. 30–61.

Beckmann D.; Hinckel, P. (1995): Ontogenese der Affektregulation. Psychther. Psychosom. med. Psychol. 45/12: 427–435.

Beebe, B.; Lachmann, F. M. (1988): The contribution of mother-infant mutual influence to the origins of self- and object representations. Psychoanal. Psychol. 5(4): 305–337.

Beebe, B.; Jaffe, J.; Lachmann, F. M. (1992): A dyadic systems view of communication. In: Skolnick, N.; Warshaw, S. (Hg.): Relational Perspectives in Psychoanalysis. Hillsdale, NJ.

Beebe, B.; Lachmann, F. M. (1994): Representation and internalization in infancy: Three principles of salience. Psychoanal. Psychol. 11: 127–165.

Dornes, M. (1993): Der kompetente Säugling. Frankfurt a. M.

Freud, S. (1923): Das Ich und das Es. G. W. Bd. XIII. Frankfurt a. M.

Gerin, G.; Litt, M. D.; Deich, J.; Pickering, T. G. (1996): Self-efficacy as a component of active coping: effects on cardiovascular reactivity. Journal of Psychosomatic Research 40: 485–493.

Grotstein, J. S. (1990): Nothingless, meaninglessness, chaos, and the „black hole". Self- and interactional regulation and the background presence of primary identification. Contemporary psychoanalysis 26: 377–407.

Herrmann, J. M.; Rassek, M.; Schäfer, N.; Schmidt, T. H.; Uexküll, Th. v. (1996): Essentielle Hypertonie. In: Adler, R. H.; Herrmann, J. M.; Köhle, K.; Schonecke, O. W.; Uexküll, Th. v. (Hg.): Psychosomatische Medizin. München, S. 743–768.

Köhler, L. (1996): Entstehung von Beziehungen: Bindungstheorie. In: Adler, R. H.; Herrmann, J. M.; Köhle, K.; Schonecke, O. W.; Uexküll, Th. v.; Wesiack, W. (Hg.): Psychosomatische Medizin. München, S. 222–230.

Köhler, L. (1997): Das Selbst im Säuglings- und Kleinkindalter. In: Hartmann, H.-P.; Milch, W.; Kutter, P.; Paal, J. (Hg.): Das Selbst im Lebenszyklus. Frankfurt a. M., S. 26–48.

Krause, R. (1983): Zur Onto- und Phylogenese des Affektsystems und ihrer Beziehungen zu psychischen Störungen. Psyche 37: 1016–1043.

Krause, R. (1990): Psychodynamik der Emotionsstörung. In: Scherer, K. (Hg.): Psychologie der Emotion. Göttingen, S. 26–48.

Kutter, P. (1980): Emotionalität und Körperlichkeit. Anmerkungen zu einer Emotiogenese psychosomatischer Störungen. Psychotherapie und Psychosomatik 25: 131–145.

Kutter, P. (1981): Sein oder Nichtsein, die Basisstörung der Psychosomatose. Ein Ansatz zu einer Objektbeziehungsspezifität psychosomatischer Erkrankungen. Psychotherapie und Psychosomatik 26: 47–60.

Lachmann, F. M.; Beebe, B. (1996): The contribution of self- and mutual regulation to therapeutic action: A case illustration. In: Goldberg, A. (Hg.): Basic Ideas Reconsidered. Progress in Self Psychology, vol. 12, S. 123–140.

Lechin, F.; Dijs, B.; Orozco, B.; Lechin, A. E.; Baez, S.; Lechin, M. E.; Benaim, M.; Acosta, E.; Arocha, L.; Jimenez, V.; Leon, G.; Garcia, Z. (1996): Plasma neurotransmitters, blood pressure and heart rate during supine resting, orthostasis and moderate exercise in severely ill patients: A model of failing to cope with stress. Psychother. Psychosom. 65: 129–136.

Lichtenberg, J. D. (1983): Psychoanalysis and Infant Research. Hillsdale, N.J.

Lichtenberg, J. D. (1987): Die Bedeutung der Säuglingsforschung für die klinische Arbeit mit Erwachsenen. Zeitschr. f. psa. Theorie und Praxis 2: 123–147.

Lichtenberg, J. D. (1989): Psychoanalysis and Motivation. Hove/London.

Lichtenberg, J. D. (1996): Caregiver-infant, analyst-analysand exchanges: Models of interaction. Psychoanal. Inq. 16: 54–67.

Lichtenberg, J. D.; Lachmann, F. M.; Fosshage, J. L. (1992): Self and Motivational Sytems: Toward a Theory of Psychoanalytic Technique. Hillsdale, N.J.

McCarty, R.; Gold, P. E. (1996): Catecholamines, stress, and disease: a psychobiological perspective. Psychosomatic Medicine 58: 590–597.

Milch, W. E.; Putzke, M. (1991): Auswirkungen der Kleinkindforschung auf das Verständnis von Psychosen. Forum Psychoanal. 7: 271–282.

Milch, W. E. (1997): Kleinkindforschung und Erwachsenenbehandlung. Zur Bedeutung der modernen Säuglingsforschung für die Praxis der psychoanalytischen Selbstpsychologie. Forum der Psychoanalyse 13: 139–153.

Milch, W. E. (1998): Psychotherapy in severely disturbed psychosomatic patients with hypertension. Psychoanal. Inq. 18: 445–468.

Milch, W. E. (in Vorb.): Kleinkindforschung und psychosomatische Störungen. Psychotherapeut.

Myers, M. M. (1996): Enduring effects of infant feeding experiences on adult blood pressure. Psychosomatic Medicine 58: 612–621.

Sander, L. (1962): Issues of early mother-child interaction. Journal of the American Academy of Child Psychiatry, vol. 1: 141–166.

Sander, L (1976): Issues in early mother-infant interaction. In: Rexford, E.; Sander, L.; Shapiro, T. (Hg.): Infant Psychiatry: A New Synthesis. New Haven, S. 127–147.

Schöttler, C. (1981): Zur Behandlungstechnik bei psychosomatisch schwer gestörten Patienten. Psyche 35: 111–141.

Schöttler, C. (1998): Self-psychological aspects in the treatment of psychosomatic disorders. Psychoanal. Inq. 18: 403–423.

Schwaber, E. A. (1996): Toward a definition of the term and concept of interaction: Its reflection in analytic listening. Psychoanal. Inq. 16: 5–24.

Shimomitsu, T.; Töres, T. (1996): Intraindividual relationships between blood pressure level and emotional state. Psychother. Psychosom. 65: 137–144.

Stern, D. N. (1992): Die Lebenserfahrung des Säuglings. Stuttgart.

Stern, D. N.; Sander, L. W.; Nahum, J. P.; Harrison, A. M.; Lyons-Ruth, K.; Morgan, A. C.; Bruschweiler-Stern, N.; Tronick, E. Z. (1998): Non-interpretative mechanisms in psychoanalytic therapy. Int. J. Psycho-Anal. 79: 903–922.

Stolorow, R. D.; Brandchaft, B.; Atwood, G. E. (1996): Psychoanalytische Behandlung. Ein intersubjektiver Ansatz. Frankfurt a. M.

Taylor, G. J. (1992): Psychosomatics and self-regulation. In: Barron, J. W.; Eagle, M. N.; Wolitzky, D. L. (Hg.): Interface of Psychoanalysis and Psychology. Washington, DC, S. 464–488.

Weiss, J.; Sampson, H. (1986): The Psychoanalytic Process. New York.

WHO (1993): Subcommittee of WHO/ISH Mild Hypertension Liaison Committee: Summary of 1993 World Health Organisation – International Society of Hypertension Guidelines for the Management of Mild Hypertension. Brit. med. J. 307: 1541–1546.

Winnicott, D. W. (1975): Mind and its relation to the psycho-soma. In: Collected papers: Through Pediatrics to Psychoanalysis. London, S. 243–254.

Wolf, E. S. (1996): Theorie und Praxis der psychoanalytischen Selbstpsychologie. Frankfurt a. M.

Joseph D. Lichtenberg und Barbara Shapard

Haß und Genugtuung

Eine Betrachtung aus der Sicht der Theorie der Motivationssysteme

Summary: Hatred and its Rewards: A Motivational Systems View

The author discusses the problem of aggression using the motivational systems approach. He makes a distinction between hatred and its reward and hate. He refers to aversion and develops, using attachment theory, a better understanding of how hatred and hate occur as reactions to frustration, narcissistic injuries, to shame and humiliation. As a result of further cognitive development, reached through analysis, complete hate scenarios can arise in which causes, effects and consequences of hatred can be worked through. The author refers to relevant concepts in literature such as Pao's concept of hate as a defense against anxiety, Kernberg's view of hate as a primitive affect, and Gabbard's understanding of hate as part of identity. The rewards of hate seem to maintain an inner contact to the hated object. Insofar hatred has a basis in attachment and affiliation. In order to overcome hatred it seems to be necessary, with help of interventions (disciplined spontaneous engagements), to understand its onset and its function for the patient's self.

„Die Wonnen befriedigten Hasses gehören zum heftigsten und leidenschaftlichsten, was das Herz fühlen kann."
(Balzac, La cousine Bette, 1846)

Um eine zeitgemäße Theorie des Hasses entwickeln zu können, müssen wir zunächst den Unterschied zwischen Haß und Aggressionstrieb und zwischen Haß und narzißtischer Wut klären. Wir müssen neu überdenken: Ist Haß größtenteils ein Abkömmling des Aggressionstriebs oder das Produkt der Triebabfuhr, wie die Ich-Psychologie es oft darstellt? Wird Haß am besten erfaßt durch die Konzepte der Objektbeziehungstheorie, nämlich als Ergebnis projektiver Identifikation? Oder ist Haß ein Fragmentierungsprodukt, das durch Empathiefehler entsteht, die die Selbstkohäsion bedrohen, was zu narzißtischer Wut führt, wie die Selbstpsychologen behauptet haben?

Bei dem Versuch, Haß innerhalb der Theorie der Motivationssysteme neu zu verstehen, richten wir unser Interesse auf die Genugtuung, die Haß bereiten kann (the reward of hatred), um die mächtige ubiquitäre Stellung, die das Hassen im menschlichen Leben einnimmt, zu verstehen und um „Hassen" (hating) im alltäglichen Gebrauch von „bösartigem Haß" (hatred) zu unterscheiden.[1] Elie Wiesel (1993), ein Überlebender des Holocausts, antwortete auf die Frage, ob er die Nazis hasse: „Nein. Man kann wüten und protestieren, aber Haß (hate) führt zu nichts anderem als zur endgültigen Zerstörung der Menschheit."

Der oft rachsüchtige, paranoide Richard Nixon sagte während seiner Rücktrittsrede am 9. August 1974 in einem

1 Die deutsche Sprache kennt den Unterschied zwischen „hatred" und „hate" nicht. Sie hat dafür nur ein Wort, nämlich „Haß". Um die beiden verschiedenen Bedeutungen von „hatred" und „hate" im Deutschen wiederzugeben, müssen wir Eigenschaftswörter heranziehen. „Haß", „einfacher Haß" oder „schlichter Haß" für „hate" und „heftiger Haß", „blanker Haß" oder „bösartiger Haß" für „hatred" (der Herausgeber, P. Kutter).

hellsichtigen Moment: „Andere mögen dich hassen. Diejenigen, die dich hassen, können nicht gewinnen, es sei denn, du haßt sie. Und dann zerstörst du dich selbst" (Aktar 1995, S. 98).

Die Statements dieser beiden berühmten Männer, einer ein tatsächliches Opfer, der andere ein selbstdefiniertes, verbinden Haß (hate) mit Zerstörung – ein methaphorischer Bezug zum Todestrieb.

Die meisten Psychoanalytiker würden der Annahme eines Todestriebes, der den Menschen zu mörderischem Haß gegen das Selbst treibt oder zum eigenen Schutz als mörderischer Haß nach außen projiziert wird, nicht zustimmen, viele Analytiker schreiben jedoch beide destruktive Tendenzen dem Aggressionstrieb zu (vgl. die ausführliche Diskussion bei Parens 1979; Lichtenberg 1989, insbesondere Kap. 7).

Der phänomenologisch bösartige oder maligne Haß (Gabbard 1996) hat unzweifelhaft Qualitäten eines alles verzehrenden triebähnlichen Drangs, verbunden mit wenig oder gar keiner Möglichkeit zur Reflexion. Wenn wir die weitverbreitete Annahme der dualen Triebtheorie, daß Haß ein Abkömmling eines primären Aggressionstriebs ist, in Frage stellen wollen, brauchen wir einen Alternativvorschlag, der durch Beobachtungen und Forschungen der Entwicklungspsychologie gestützt wird.

Die Theorie der Motivationssysteme bietet folgende Alternative: Bereits im Säuglingsalter (tatsächlich schon im Uterus) entwickelt sich ein aversives Motivationssystem als Reaktion auf das Bedürfnis, auf innere oder äußere unangenehme Stimuli mit Antagonismus und/oder Rückzug zu reagieren. Ein Versagen der Regulation in den anderen Systemen (z. B. wenn die physiologischen Bedürfnisse, die Bedürfnisse nach Bindungsintimität, nach Exploration und Selbstbehauptung oder nach sinnlichem Vergnügen nicht erfüllt werden) führt beim Säugling zu Wimmern, Aufregung, Weinen, er macht eine Faust, runzelt die Stirn, erschrickt, wendet die Augen ab, weicht zurück, macht sich steif oder erschlafft. Wenn die Pflegepersonen auf diese Affekte, Gesten und Verhaltensweisen reagieren, indem sie die Ursache des Mißgefühls beheben oder wenigstens beim Kind bleiben und es trösten (nach Bion, 1962, eine „Container-Funktion" erfüllen), dann wird das aversive System im ersten Lebensjahr vor allem im Hinblick auf eine effektive Signalgebung organisiert.

Als Beispiel diene die Aversivität im „Fremde Situation-Test", in dem die Mutter ihr einjähriges Kind in einem diesem unvertrauten Spielzimmer zurückläßt: Bei einem sicher gebundenen Kind führt dies zu Weinen und Protest. Bei der Rückkehr der Mutter geht es schnell zu ihr hin und fordert Trost und Beruhigung. Die Mutter sorgt zuverlässig für den nötigen Trost und die Beruhigung, und das Kind kehrt fröhlich zu seinem Spiel zurück. Bei den mehr als 60 Prozent der Einjährigen, die sicher gebunden sind, deuten diese Beobachtungen darauf hin, daß Aversivität als effektives Signalsystem zwischen Pflegeperson und Kind funktioniert; sie deuten weniger auf einen Aggressionstrieb hin.

Die unsicher gebundenen Kinder zeigen unterschiedliche Verhaltensmuster. Eine Gruppe signalisiert beim Weggang der Mutter den gleichen Schmerz und bei ihrer Rückkehr die gleiche Annäherung wie die sicher gebundenen Kinder. Wenn die Mutter auf die Annäherung reagiert, stoßen diese Kinder sie aber mit ärgerlichem, abweisenden Verhalten weg, nur um sofort anschließend ihre Forderung nach Trost zu erneuern, wenn die Mutter zurückweicht. Man hat herausgefunden, daß diese Mütter häufig, aber auf unvorhersehbare Weise, zornig auf ihre Kinder sind.

Eine andere Gruppe von (unsicher gebundenen) Kindern zeigt weder beim Weggehen noch bei der Rückkehr der Mutter eine erkennbare Reaktion – manchmal wenden sie die Augen ab oder drehen sich weg. Physiologisch zeigen diese Kinder aber sehr wohl eine Streßreaktion im autonomen Nervensystem. Das aversive System dieser Kinder ist im Hinblick auf Rückzug und Furcht organisiert.

Eine weitere Gruppe von Kindern reagiert ohne klar erkennbare Strategie – manchmal beginnen sie sich anzunähern, halten ein, drehen sich weg, werden unruhig, fallen unbeholfen hin, weinen, jedoch ohne Aufforderungscharakter. Manchmal erscheinen diese Kinder nicht nur desorganisiert, sondern auch orientierungslos und „seltsam" (disorganized, disoriented and „spacey"). Es hat sich gezeigt, daß diese Kinder ein hohes Risiko für eine spätere Borderline-Störung, dissoziative Zustände und Multiple-Persönlichkeit-Störungen aufweisen (Liotti 1999). Die Forscher nehmen an, daß diese Kinder geängstigtem und angstmachendem Elternverhalten ausgesetzt waren – nicht unbedingt schwerer Mißhandlung (Hesse u. Main 1999).

Bei den meisten Kindern fördert die Art und Weise, wie Pflegepersonen auf ihre Bedürfnisse und Wünsche reagieren, die Regulation der physiologischen Erfordernisse, der affektiven Bindung, der wachsenden explorativ-selbstbehauptenden Interessen und Fähigkeiten sowie des sinnlichen Vergnügens. Während der adaptiven Entwicklung jedes dieser Systeme im ersten Lebensjahr dienen aversive Äußerungen von Antagonismus oder Rückzug als Kommunikationssignale, welche die Information beinhalten, die die Pflegepersonen brauchen, um sensibel empathisch reagieren zu können.

Bei unsicher gebundenen Kindern wird das aversive Motivationssystem früh so organisiert, daß Bedürfnisse und Wünsche, die anderen Motivationssystemen entstammen, durchgehend einen negativ getönten Affekt auslösen können. Zum Beispiel kann das Bedürfnis, sich durch Streicheln des eigenen Körpers oder durch Daumenlutschen sinnliches Vergnügen zu verschaffen, die Furcht auslösen, beschämt oder geschlagen zu werden. Explorativ-selbstbehauptende Bedürfnisse können ein Gefühl von völliger Verlassenheit oder frustrierendem Versagen statt Anerkennung und Unterstützung hervorrufen. Das Bedürfnis nach der Intimität von Bindung kann die Erwartung einer ärgerlichen Reaktion oder einer vermeidenden Distanzierung auslösen. Der Grad der Fixierung von solchen erwarteten aversiven Wechselwirkungen wird hinsichtlich Intensität und Beständigkeit variieren. Manchmal wird Aversivität als Reaktion auf eine lange bestehende pathologische Interaktion zwischen einer oder mehrerer Pflegepersonen und dem Säugling relativ fixierte neurophysiologische Netzwerke entstehen lassen. Positiv getönte Entwicklungen in einem oder in mehreren Motivationssystemen verschwinden dann leicht hinter negativen affektiven Erfahrungen. Ebenso können rigid organisierte aversive Netzwerke auf jeder Altersstufe durch Traumatisierungen entstehen (Holocaust, Mißbrauch, Körperverletzung, Verlassenwerden). Aber auch ohne spätere, überwältigende traumatische Erfahrungen ist die frühe Organisation des aversiven Motivationssystems eine „Anlage", aus der heftiger Haß (hatred) und andere dauerhafte Muster von Antagonismus und Rückzug entstehen können. Wenn sich solche Grundstrukturen bilden, dann ähnelt die zugrundeliegende aversive Organisation von unsicher gebundenen Kindern einem Aggressionstrieb (Mitchell 1993) oder treffender: einem triebähnlichen Drang, antagonistisch zu reagieren.

Im zweiten und dritten Lebensjahr organisiert sich das aversive Motivationssystem in Zusammenhang mit den in dieser Zeit wichtigsten Entwicklungsaufgaben: effektiv zu sein bei auftauchenden Kontroversen, gegebenenfalls Macht ausüben, Gefahr erkennen und Sicherheit suchen zu können. Die Entwicklung in dieser Periode wird durch unvermeidliche und notwendige Auseinandersetzungen zwischen Kleinkind und Pflegepersonen vorangetrieben. Die sich neu entwickelnde Selbstbehauptung der Kleinkinder in Form von Verweigerung führt zunächst zu einem Ausprobieren von „Nein", mit 18 Monaten dann zu einem Aufwallen von Aggressivität. Die unvermeidlichen Zusammenstöße zwingen Kinder und Pflegepersonen zu nahezu kontiniuerlichen Verhandlungen, da in jedem Motivationssystem Wünsche entstehen. Häufig kann das Kleinkind die Frustration nicht ertragen und es kommt zu unkontrolliertem Protest und Wutanfällen. Diese Wutreaktionen erwecken den Anschein, als ob das Kleinkind sagen wollte: „Du kannst mich nicht zwingen, diese Schmach zu akzeptieren, diese Verletzung meines Gefühls von Macht und berechtigtem Anspruch", und von Elternseite: „Doch, ich kann, ich werde, ich muß".

Wut (rage) ist also von Anfang an etwas anderes als Zorn (anger) und bösartiger Haß (hatred). Zorn ist eine Reaktion auf Frustration und verschwindet, wenn die Frustration überwunden oder der Anlaß entfernt wurde. Wut kann ebenfalls durch Frustration ausgelöst werden, aber sie schließt das Gefühl von narzißtischer Kränkung, verletztem Stolz, Scham und Demütigung des Selbstgefühls ein. Der Zustand der Wut mit seinen Muskelkontraktionen, erhöhtem Herzschlag und Blutdruck löscht das Gefühl der Hilflosigkeit aus, das mit der Beeinträchtigung des Selbstgefühls verbunden ist, und ersetzt es durch ein zeitweiliges Gefühl von Allmacht und Unverletzbarkeit.

Haß (hate) kann wiederholten Episoden von Zorn folgen und kann eine Vorstufe oder eine Nachwirkung von Wut sein. „Haß" bedeutet (laut Webster dictionary): „intensive Abneigung, Abscheu empfinden". Bei einem Säugling oder Kleinkind kann man sich vorstellen, daß es einen so definierten Haß erleben kann.

Bösartiger Haß (hatred) ist nach Webster eine „heftige Aversion oder Abscheu, gepaart mit Böswilligkeit". Die Verbindung mit böser Absicht konstituiert eine wichtige Unterscheidung. Ein andauernder tiefer Abscheu, gepaart mit dem Wunsch nach Rache, charakterisiert diesen heftigen Haß. Anders als beim einfachen Haß (hate), der oft flexibler ist, schließt bösartiger Haß (hatred) ein komplexes Szenario von Klagen und rachsüchtiger Vergeltung ein. Menschen, die hassen (hate), wollen mit der Person, die ihren Haß ausgelöst hat, nichts zu tun haben; Menschen, die dagegen voll von „bösartigem Haß" (hatred) sind, wünschen, der Quelle ihres Hasses möge alles denkbar Schlechte geschehen.

In ihren Haß-Szenarien (hatred scenarios) hängen diese Menschen an der Vergangenheit und malen sich die Rache für die Zukunft aus. Neue Vorfälle, die Verletzung, Enttäuschung, Neid, Scham, Beleidigtsein, Erniedrigung und Schuldgefühle auslösen können, werden in dieses Szenario eingebaut. „Bösartiger Haß" (hatred) hat im Gegensatz zum einfachen (gutartigen) Haß (hate) eine ähnliche Beziehung wie die romantische Liebe zu Zuneigung.

Vom Säuglingsalter an können wir fühlen, wenn auch noch nicht in Worten ausdrücken: „Du bist gut zu mir, ich liebe dich" oder: „Du verletzt mich, ich bin zornig auf dich". Erst viel später können wir sagen „Du bist meine Mutter (mein Vater), und ich erlebe sinnliches Vergnügen und sexuelle Erregung, wenn ich mit dir zusammen bin. Ich habe Tag- und Nachtträume von dir. Ich stell mir vor, was wir alles gemeinsam tun, wie wir Blicke tauschen, und wenn ich groß bin, will ich dich heiraten und immer mit dir zusammen sein." Dieses Szenario wird in jeder neuen Entwicklungsepoche und bei jeder Gelegenheit überarbeitet und neu gestaltet, und es passiert schnell, daß man davon völlig absorbiert wird. Aber erst nach diesen und ähnlichen Entwicklungen, die die Gestaltung eines inidividuellen, reichhaltigen zwischenmenschlichen Szenarios erlauben, kann heftiger Haß (hatred) von der Vorstellungswelt Besitz ergreifen. So wie die Person im romantischen Szenario geliebt wird, erscheint die Person, die im Haßszenario gehaßt wird, bedeutsamer als im tatsächlichen Leben – idealisiert in dem einen und als allmächtig böse betrachtet im anderen. Bereits Säuglinge, aber auch Erwachsene empfinden Zorn, Wut, Haß (hate) und Furcht.

Das Haß-Szenario (hatred scenario) ist eine spätere Entwicklung, die die Reifung des Gehirns und die Entwicklung bestimmter kognitiver Fähigkeiten voraussetzt. Das Kind muß in der Lage sein, Subjekt-Objekt-Beziehungen in der Dualität von Täter-Opfer zu sehen und die Verbindung zwischen beiden zu erfassen: „Er hat mich verletzt, ich will ihn verletzen." Das Erkennen der Verbindung „Weil er mich verletzt hat, will ich meine Rache" setzt einen entwickelten Sinn für Kausalität und für das Konzept der Schuldzuweisung voraus. Jeder Bestandteil des Narrativs – er verletzt mich, meine Vergeltung verletzt ihn – erfordert eine erst im Alter von drei Jahren vorhandene Fähigkeit, das Erleben in Form von Ereignissen (events) zu organisieren, die eine Handlungslinie mit Anfang, Mitte und Ende haben. Die Ereignisse liegen auf einer Zeitachse von Vergangenheit, Gegenwart und Zukunft: Ich habe es damals erlebt, und ich kann bewirken, daß er es später einmal erlebt. Die Fähigkeit zur Organisation von Ereignissen auf einer Zeitachse bildet die Grundlage für die Gedanken, Pläne und Emotionen, die das Kind in seiner inneren Rede (inner speech) beschäftigen. In einem kontinuierlichen Wachmonolog (waking monologue) verarbeitet das Kind sein gegenwärtiges, eigenes Erleben und spielt die kleinen Dramen seines Lebens durch. Es entwirft Szenarien der Liebe, des Erfolgs, den es haben wird, und der Verletzungen, die geheilt werden oder zugefügt werden sollen. Das Kind muß einen Begriff von der Privatheit der inneren Rede entwickelt haben. Es muß die Abgegrenztheit seiner Gedankenwelt (mind) kennen, im Unterschied zur Öffentlichkeit seiner sprachlichen und gestischen Kommunikation.

Erst dann kann es den inneren Monolog als sicheren Ort aller Wünsche und Sehnsüchte erleben; sowohl derjenigen, die anderen mitgeteilt werden können als auch derjenigen, die Scham, Schuldgefühle oder Furcht hervorrufen.

Ähnlich wie „Ehrgeiz-Szenarien" (scenarios of ambition), in denen Kinder oder Erwachsene darstellen, was sie einmal gerne erreichen möchten, bietet ein Haßszenario einen Zufluchtsort, wo die Geschichte von den Ursachen und den Folgen des Hasses immer wieder überarbeitet werden kann. Manchmal sind die Anlässe der Verletzung ganz offensichtlich, sehr oft sind sie aber auch spezifisch für einen bestimmen Menschen. Wenn die verletzte Person die Auslöser in ihrer Vorstellungswelt überarbeitet hat, können diese möglicherweise nur noch schwer aufgedeckt werden, wegen des Risikos, daß andere kein Verständnis dafür haben könnten oder daß der Zuhörer ihr eine weitere beschämende Verletzung zufügen könnte, wie: „Oh, du bist wirklich zu sensibel."

George Eliot (1876) hat viele dieser Beobachtungen in „Daniel Deronda" zusammengefaßt: „Die Erbitterung im bösartigen Haß (hatred) ist Betrachtern oft ebenso unerklärlich wie die Größe hingebungsvoller Liebe und hat nicht nur scheinbar, sondern tatsächlich keinen direkten Bezug zu äußeren Gründen, die vorgebracht werden.

Leidenschaft ist wie ein Samen, sie findet Nahrung in sich selbst, tendiert dazu, alle Ereignisse auf sich zu beziehen und sich das ganze Leben unterzuordnen. Die stärkste Form von Haß wurzelt in der Angst. Sie nötigt zum Schweigen und drängt zu ausgefeilter Rachsucht, zu imaginärer Vernichtung des verabscheuten Objekts, ähnlich wie die verborgenen Riten der Rache, in denen die Gepeinigten sich ein dunkles Ventil für ihre Wut geschaffen und ihr Leiden zum Schweigen gebracht haben" (S. 576).

An anderer Stelle beschreibt sie, wie es ist, wenn man unfähig ist, seinen Zorn direkt auszudrücken, und welche Genugtuung es bereitet, sich statt dessen zu rächen:

„Lydia ... schluckte ihren hilflosen Zorn hinunter ..., aber sie konnte nicht ... ganz ohne die Genugtuung auskommen, eine Medusa-Erscheinung vor Gwendolen zu veranstalten. Rachsucht und Eifersucht fanden ihre Entlastung in einem Ausbruch von Gehässigkeit" (S. 514).

Pao (1965) hat sich als erster einer Reihe zeitgenössischer Autoren zu diesen Mustern geäußert und eine bemerkenswert tiefreichende Formulierung vorgeschlagen. Er sagt, daß bösartiger Haß (hatred) ein Gefühl von Kontinuität erzeugt, weil er die Vergangenheit mit der Zukunft verbindet: „Hassen heißt etwas fühlen, und das ist weitaus besser, als sich ohne Ziel, leer, amorph oder überschwemmt von Ängsten zu fühlen. Haß kann etwas ganz Wichtiges sein, aus dem man ein Gefühl des Sich-selbst-gleich-Bleibens (self-sameness) und der eigenen Identität bezieht" (S. 160). Pao zitiert einen Patienten: „Ich hasse nicht gern, aber ich muß es tun. Wenn ich nicht hasse, bin ich ein Niemand. Und ich möchte kein Niemand sein."

Laut Pao ist derjenige, der haßt, voller Ängste und fühlt sich gleichzeitig in verschiedene Richtungen gezogen. Der Hassende glaubt, es hätte verheerende Folgen, wenn er dem Objekt seines Hasses, dem er Omnipotenz und Omniszienz zuschreibt, eine Kränkung zufügen würde. Zugleich hat er das Gefühl, ungerecht behandelt worden zu sein und möchte dafür Genugtuung (to get even): „Er sieht sich also in einer Zwangslage. Wenn er dem Objekt nahe bleibt, ... könnte er seinem Haß untreu werden und den Zorn des Objekts provozieren, das ihn dann vernichten könnte ... Wenn er versucht, dem gehaßten Objekt aus dem Wege zu gehen, bringt er sich um die benötigte libidinöse Zufuhr. Gefangen in einem Dilemma fühlt der Hassende sich in der Falle" (S. 258f.).

„Haß erzeugt gewöhnlich Haß bei anderen. Wer haßt, verachtet die am meisten, die indifferent gegenüber seinem Haß sind, und er wird keine Mühe scheuen, andere Menschen dazu zu bringen, auch zu hassen" (S. 261). „Im Laufe einer Behandlung, die per se frustrierend ist, richten viele Patienten ihren Haß auf den Analytiker. Wenn der Analytiker sie aber seinerseits nicht haßt, fühlen sich die Patienten noch frustrierter" (S. 262). „Wenn der Analytiker dem Patienten helfen will, seinen Haß loszuwerden, muß er herausfinden, was der Haß für den Patienten bedeutet" (S. 263). „Wenn der Haß Basis einer Beziehung wird, kann er diese ebenso dauerhaft prägen wie die Liebe. Man kann sich an eine solche Beziehung gewöhnen und sich ohne sie ganz verloren fühlen" (S. 261). Auf der Grundlage seiner Erfahrung mit Borderline- und psychotischen Patienten macht Pao darauf aufmerksam, daß die vorzeitige Beseitigung des Hasses den Patienten eben des Mittels berauben kann, das er zur Stabilisierung und Integration seiner Person braucht, und daß dies zu unerwünschten Komplikationen führen kann.

Kernberg (1995) sieht heftigen oder bösartigen Haß als chronischen, primitiven Affekt, der zu primitiver Verleugnung (denial) und zur Beeinträchtigung der kognitiven Funktionen führt. Der Therapeut müsse dem Patienten helfen, die intensive Lust wahrzunehmen, die er aus dem Haß in der Übertragung zieht. Wenn der Patient seinen Sadismus zugeben kann, fühlt er sich schuldig, weil er merkt, daß er ein potentiell gutes, hilfreiches Objekt attackiert hat. Der Patient kann sich dann seiner Hoffnung bewußt werden, daß gerade dann, wenn er die schlechte Mutter/den schlechten Therapeuten attackiert, eine gute Mutter/ein guter Therapeut auftaucht und die Situation entschärft. Der Patient sieht dann ein, daß er mit seinen Attacken die Befriedigung seiner eigenen, tiefen Bedürfnisse verhindert. Kernberg macht den Analytiker auf vier Gegenübertragungsreaktionen aufmerksam: auf den emotionalen Rückzug vor dem Haß; auf die

Identifikation mit der Opferhaltung des Patienten und der Verschiebung der Aggression auf Ziele außerhalb der Übertragung; auf eine masochistische Unterwerfung unter den Haß des Patienten mit eventuellem aggressivem Ausagieren; und auf ein Hin und Her zwischen dem Versuch, die Sicht des Patienten zu verstehen, und Rückzug. Interessanterweise erwähnt Kernberg den Haß des Analytikers auf den Patienten (als Gegenübertragungsreaktion) nicht.

Gabbard (1996) beschreibt die Arbeit mit einem Patienten, der davon ausging, daß sein Haß auf den Analytiker fest zu seiner Identität gehöre, und es deshalb für durchaus angebracht hielt, Gabbard als „Toilette" und „Zielscheibe" zu verwenden. Gabbard hatte das Gefühl, er werde dazu gezwungen, ein gehaßter Therapeut zu sein, der seinerseits den Patienten haßt. Gabbard hatte den Eindruck, daß Vergeltung oder schizoider Rückzug seine einzigen Überlebensmöglichkeiten darstellten. Nachdem er einmal geträumt hatte, er würde den Patienten anschreien, wurde ihm klar, daß er Schuldgefühle wegen seiner Wut auf den Patienten hatte, und ihm deswegen die Möglichkeit genommen war, für sich einen Raum zu haben, in dem er neugierig und interessiert bleiben konnte. Als er sich seinen eigenen Haß und den Haß des Patienten eingestehen und ihn aushalten konnte, wurde der Haß des Patienten soweit erträglich, daß man ihn verstehen, beobachten und Interesse für ihn empfinden konnte. Gabbard war dann nach und nach in der Lage, den Haß in einen Zusammenhang mit der Erwartung des Patienten zu bringen, er würde ersetzt (replaced), vergessen und verlassen werden.

Bei der Darstellung dieser Interaktion, die durch den „malignen Haß" des Patienten in Gang gesetzt wurde, verwendet Gabbard den Begriff der projektiven Identifikation, um sich seine Gegenübertragungsreaktion zu erklären. Man nimmt dabei an, daß der Patient verleugnete Gefühle von Haß in den Therapeuten projiziert. Wie der Traum zeigt, erlebt der Analytiker den Haß und „verwandelt" ihn; und danach ist er dazu in der Lage, in der Behandlung auf lehrreiche Weise (instructively) mit der projizierten Aggression umzugehen. Wir schlagen eine andere Konzeptualisierung des Übertragungs-Gegenübertragungs-Geschehens vor: Der Haß (des Patienten) aktiviert Rollenerwartungen im Patienten und im Analytiker. Jeder erwartet etwas Bestimmtes vom anderen, wobei die Erwartungen durch die jeweils vorangegangenen Erfahrungen geprägt werden. Die Rollen, die jeder übernimmt, können die wechselseitige Abneigung noch verstärken, was oft unbewußt bleibt. Häufig kommt es auch vor, daß nicht bemerkte aversive Reaktionen in das Rollenverhalten und die Rollenübernahme einfließen. *Wir* sehen den Analytiker nicht als Empfänger der grenzüberschreitenden Penetration des Patienten (as receptacle for the patient's penetration across selfboundaries), sondern wir sind der Auffassung, daß die Reaktionen des Analytikers besondere, individuelle Reaktionen auf eine ausgesprochen schwierige Rolle darstellen, nämlich der, zugleich Beobachter zu sein und/ oder Empfänger des Hasses von seiten einer Person, die nur mit diesem ihren Haß beschäftigt ist. In dieser Sichtweise ist der Analytiker sowohl Beobachter als auch Teilnehmer an der Dialektik einer Interaktion, die unter der erdrückenden Last einer anhaltenden Feindseligkeit stattfindet.

Wenn der Haß zum Selbstzweck wird, muß der Analytiker nach Auffassung von S. Lazar (1996) seine subjektive Bedeutung herausfinden. Ist der Haß als Protest gegen die Nichterfüllung von Bedürfnissen zu verstehen, und zwar von solchen Bedürfnissen, deren Existenz der Analytiker zur Kenntnis nehmen soll? Bedeutet der Haß eine Verleugnung unerfüllter Bedürfnisse, mit denen der Therapeut eine Kollusion eingehen und sie direkt befriedigen soll? Bedeutet der Haß den Wunsch, der Therapeut solle zur Kenntnis nehmen, daß eine Tragödie vorliegt, oder stellt er den Versuch dar, den Therapeuten zum Agieren zu verführen? Lazar hält es für berechtigt, daß der Analytiker bei der Arbeit mit Patienten, die an „chronischem", ich-syntonem Haß leiden, das Bedürfnis hat, sich zur Wehr zu setzen und den Patienten mit seiner gegen die Behandlung gerichteten Destruktivität zu konfrontieren. Lazar ist der Meinung, daß oft eine aktive, sich als Behälter zur Verfügung stellende (containing), grenzensetzende, direktive Haltung notwendig ist, um einen Zugang zu den vereitelten Bedürfnissen zu erhalten, die hinter dem Haß stehen. Lazar empfiehlt dem Therapeuten, sich als unabhängiges Zentrum von Initiative zur Geltung zu bringen, durch „aktive Reflexion", containing, „Mitschwingen" (resonating)", „Validierung" und Informieren. Lazar erörtert, welche positiven Folgen es hat, wenn der Therapeut eine authentische affektive Verbindung zum Patienten herstellt und sie durch eine gelegentliche, umsichtige Offenlegung (self-disclosure) seiner Gefühle und Motive zum Ausdruck bringt.

Ein weiterer Beitrag zum Verständnis des Hasses ging aus einer Reihe von Untersuchungen zur Scham hervor (Wurmser 1981; Morrison 1989; Broucek 1991; Lewis 1991). Die Autoren sind der Ansicht, daß Kinder, die Opfer von Mißbrauch, exzessiver Arroganz oder Verachtung waren, quälende Scham empfinden. Die Scham untergräbt den Selbstwert und verwandelt alltägliche Situationen in aversive. Haß kann dazu dienen, von der mit der Scham verbundenen Hilflosigkeit abzulenken. Das Paradoxe ist, daß einerseits Haß im Geheimen dazu dienen kann, das Erleben von Scham (aufgrund von Neid, Angst und Selbstverachtung) zu vermeiden, daß aber andererseits das Offenbarwerden der ganzen Schärfe des Hasses und der Rachsucht von neuem brennende Scham auszulösen vermag. Man muß die Möglichkeit von Schamreaktionen berücksichtigen, wenn man Patienten zu früh mit ihrem Haß-Szenario konfrontiert.

Zu den von uns vorgeschlagenen Techniken des Umgangs mit dem Haß von Patienten gehört es, daß man erkennt, warum ein Szenario von Verletzung und Rache entwickelt und aufrechterhalten wird. Wie die Literaturübersicht zeigt, gibt es viele, auf komplexe Weise miteinander verwobene Vorteile (rewards), die der Haß bietet. Die Theorie der Motivationssysteme meint, daß die Motive eines Patienten, ein bestimmtes Muster zu suchen oder an ihm festzuhalten – besonders wenn es sich um ein selbstdestruktives Muster handelt oder eines, das destruktiv für andere ist –, aus der inneren Perspektive des Patienten (vom Standpunkt des

Patienten aus) verstanden werden müssen, wenn es zu einer positiven Veränderung kommen soll. In unserem Schema beinhalten die Motive von Patienten immer affektive Ziele. Die Entdeckung der Affekte weckt oft Unbehagen, und deshalb unterliegen sie der Selbsttäuschung und der Verleugnung. Eines der Ziele, die haßerfüllte Menschen oft anstreben, besteht darin, von aufgestauten Spannungen erlöst zu werden, die aus Beschimpfungen, Tadel und rachsüchtigen Demütigungen herrühren. Zuweilen ereignet sich die Entlastung in Gestalt eines unwillkürlichen Kicherns oder Lachens beim Gedanken an die tatsächliche oder phantasierte Vernichtung des Gehaßten. Diese Erfahrung nimmt bei Patienten oft eine konkrete Form an. Es ist ihnen, als würden sie eine giftige Substanz los – schwarze Galle, Schlangen oder etwas Schädliches. Das Modell für diese Erfahrung ist eine im Körper anwachsende Spannung wie etwa Hunger, Verstopfung oder sexuelle Erregung und die Entspannung, die der Bedürfnisbefriedigung folgt. Die Ablaufmuster von Bedürfnis – Befriedigung – Entspannung haben die Bildung physiologischer neuraler Netzwerke zur Folge. Die frühe Organisation aversiver Antagonismen (Lichtenberg 1989; Mitchell 1993), wie wir sie annehmen, würde eine ähnliche Grundlage für diese wiederholt gesuchte Genugtuung des blanken Hasses bilden, der dann seinerseits der Entspannung und Freude dient.

Um dieser anscheinend automatischen Reaktion des Patienten, die der Entlastung von aufgestautem Zorn, von Wüten und Rache dient, zu begegnen, braucht der Therapeut eine empathische Sensibilität für das Bedürfnis des Patienten, durch dieses Ventil seine Wut auszulassen. Wenn der Therapeut nicht zumindest für einige Augenblicke diesen der Erregung Luft machenden Ablauf nachvollziehen kann, wird die verbale und nonverbale Kommunikation des Therapeuten zu einem aversiven Schlagabtausch mit dem Patienten führen. Wenn aber die vom Patienten erwartete aversive Erfahrung nicht eintritt, öffnet die empathische Wahrnehmung (des Therapeuten) den Patienten für Schamgefühle und für das unangenehme Gefühl, außer Kontrolle zu sein. Die Scham über den Kontrollverlust, die dem Ablassen der Wut folgt, wird zu einer intrapsychisch organisierten Abschreckung; allerdings erst nach der Exploration vieler solcher Episoden.

Die Genugtuung, die dem Beobachter paradox erscheint, ist in der Intensität der Verbindung zu suchen, die zum Objekt des Hasses eingegangen wird. Analog zur Liebe nimmt das Objekt des Hasses einen signifikanten Stellenwert im Inneren des Hassenden ein. Ebenso wie der Beziehungsmodus zu einer geliebten Person mit Charakteristika des Motivationssystems der Bindung zu tun hat, so auch der zu einer gehaßten Person. Das Ziel einer Haß-Beziehung ist das gleiche wie das einer Liebes-Beziehung, nämlich eine intime, anhaltende Verbindung zu erleben, nur daß der Affekt im einen Fall Antagonismus und im anderen Liebe ist. Das Paradox wird manchmal mit dem Satz „er liebt es zu hassen" ausgedrückt. Er bezieht sich auf die Art, in der das Haß-Szenario wie ein alter „Freund" aktiviert wird, um die Leere der Einsamkeit oder qualvoller Zustände zu füllen. Das Haß-Szenario dient ebenso wie andere Phantasiebildungen, wie romantische Liebe, sexuelle Erfüllung oder das Gewinnen eines Wettbewerbs, der Beruhigung; in Augenblicken der Langeweile oder vor dem Einschlafen. Die in den aversiven Antagonismus einbezogene und mit ihm zusammengefaßte Bindungsmotivation geht in das Haß-Szenario ein, und zwar sowohl in Gestalt der persistierenden Intimität zur gehaßten Person wie der Beziehung zu dem Szenario selbst als einem allzeit verfügbaren geschätzten Freund, um Augenblicke von Aversion jeglicher Art auszufüllen.

Die Arbeit an der Bindungsbeziehung zum gehaßten Objekt erfordert eine ins einzelne gehende Untersuchung der Ursachen aller sich neu ereignenden auslösenden Verwundungen, wie sich diese aus der inneren Perspektive des Patienten darstellen. Durch Techniken, die implizit oder explizit fragen: „Was haben Sie selbst getan, um das erlittene Unrecht herbeizuführen, und welche Ihrer feindseligen Absichten projizieren Sie nach außen?" wird der Unwille des Patienten, sich neuen Kränkungen zu stellen, zementiert. Solche

Fragen sind bedeutsam, aber sie werden am besten beantwortet, wenn sie im Rahmen der Erzählung des Patienten auftauchen und dem reflektierenden Bewußtsein offenstehen. Die beste Strategie dagegen, daß sich der Patient auf seine Verbindung mit dem gehaßten Objekt verläßt, ist die Aktivierung einer damit konkurrierenden Bindung, die auf positiven Emotionen beruht. Möglicherweise besteht bereits ein gegenläufiges, liebevolles Szenario, und eine gründliche Erforschung des Haß-Szenarios in einer Atmosphäre von Sympathie vermag das Gleichgewicht zu kippen. Oft kommt es dazu aber erst dann, wenn die kontroverse Situation – das Erleben der Verletzung im Rahmen der therapeutischen Situation – auftaucht. Dann kann der Analytiker die Zuschreibung (attribution) des Patienten akzeptieren. Diese bezieht sich auf die Rolle des Therapeuten, wie der Patient sie erlebt. Wenn der Analytiker sich selbst vor Augen stellt, wie der Patient ihn konstruiert, kann er (der Analytiker) in das Haß-Szenario eintreten. Er kann sich selbst gegenüber der Möglichkeit öffnen, als Hasser oder Gehaßter, als Räuber oder Beraubter, als Neider oder Beneideter, als Mißbraucher oder Mißbrauchter wahrgenommen zu werden. Vom Ausgangspunkt dieser Selbst-Sichtweise, sei es als potentiell mögliche oder als tatsächlich gegebene, kann der Therapeut einen Dialog beginnen, der die jetzt präsenten, zentralen Themen anspricht. Der Therapeut kann dann zwei Arten von emotionalem Input geben: Er wird zu einer Person innerhalb des Szenarios mit allen früheren Übertragungsverknüpfungen, oder er wird zu einer Person, die sich dem sich entfaltenden Schmerz und Greuel empathisch zuwendet. Lichtenberg, Lachmann und Fosshage (1996) haben dargestellt, daß das Erleben der Unterschiedlichkeit dieser voneinander abweichenden Erfahrungen mit dem Analytiker beim Patienten im Lauf der Zeit zu einer Reorganisation der vormals pathologischen Repräsentationsschemata führt.

In der therapeutischen Situation ist vorwiegend die Bindung die Grundlage für den Haß. In der Welt im allgemeinen ist die Gruppenzugehörigkeit die gemeinsame Basis für Haß. Haß-Szenarien können Bestandteile von Gruppenerfahrungen sein. Haß-Vorstellungen dienen ganzen Generationen dazu, Bindungen zu schaffen, die dann zur Quelle von Feindschaft zwischen Clans, Stämmen, Rassen, Geschlechtern und Nationen werden. Ein durch Mitgliedschaft motiviertes Haß-Szenario erhält seinen Wert durch die gemeinsame Teilhabe, die vitale Kraft verleiht, und nicht durch die privat motivierte und genährte Bindung. Kollektive Maßnahmen gegen affiliative Haß-Szenarien erfordern weitgehende kulturelle Maßnahmen, die jenseits des klinischen Dialogs liegen, den wir hier betrachten.

Haß-Szenarien ziehen Gewinn aus explorativ-selbstbehauptenden Motivationen. Der Hassende baut das Szenario auf, wie ein Schriftsteller eine Geschichte entwirft. Es fängt mit der Geschichte einer kränkenden Verletzung an. Beispiele aus jüngster Zeit können mit gieriger Erregung aufgegriffen werden, um das Interesse wiederzubeleben oder wiederherzustellen. Der Racheplan kurbelt die Problemlösung in der Art eines Krimis an: Wie stellt man es an, sich zu rächen, wenn Furcht vor weiteren Verletzungen, Scham oder Repressalien zu überwinden sind. Kleine Betrügereien aus Rache, die den Gehaßten verwunden und erfolgreich verschleiert werden können, dienen dem Ziel, Kompetenz zu erleben und haben oft eine lustvolle Überheblichkeit zur Folge.

Eine mächtige Gegenkraft erwächst der psychoanalytischen Behandlung daraus, daß man sich für die Erforschung der Art des Haß-Szenarios, seiner Einzelheiten und Auslöser interessiert. Jedesmal, wenn der Therapeut den Patienten dazu bewegen kann, gemeinsam alle Aspekte des Haßerlebens reflektierend in Betracht zu ziehen, eröffnet sich seinem Intellekt die Möglichkeit, eine Bedeutung aufzuspüren, anstatt eine rigide fixierte These vorzubringen. Dies kann oft am besten dadurch erreicht werden, daß ein nebensächlich erscheinendes Erlebnis – ein ähnlich gelagertes Gegenwartsereignis, ein Traum oder ein Film – erörtert werden und keine direkte Annäherung an das zentrale Haß-Szenario erfolgt. Die Technik, auf die wir uns hier beziehen, nämlich die gemeinsame Exploration einer Modell-Szene, ist denkbar geeignet, Fortschritte zu erzielen. Sie führt von der Genugtuung, das Szenario kreativ erfinden zu können, zur Genugtuung, es kreativ zu explorieren.

Vom Standpunkt des aversiven Systems dient der bösartige Haß nicht nur dazu, Antagonismus genußvoll zum Ausdruck zu bringen, sondern auch dazu, allen unangenehmen Affekten aus dem Weg zu gehen. Einmal entstanden, kann das Haß-Szenario bewußt oder aber so automatisch abgerufen werden, daß es dem Patienten gar nicht bewußt wird, wenn er sich durch irgendeinen negativen Affekt wie Neid, Scham, Enttäuschung, Angst oder Depression bedroht fühlt. Wie viele Autoren bereits festgestellt haben, wird das Haß-Sszenerio so geschätzt, weil der haßerfüllte Mensch lieber die Macht seines Zorns und das Vergnügen seines eventuellen Triumphes erlebt als den Schmerz des Opfers. Er kann empfinden: „Ich werde nicht vom Neid überwältigt, sondern ich werde zuschauen, wie das Neidobjekt entwertet und gedemütigt wird. Ich bin nicht derjenige, der sich vor Schlägertypen fürchtet, sondern ich verfolge sie unnachgiebig. Ich bin nicht machtlos, in meiner Phantasie kann ich den mit Nadeln stechen, der mich mißbraucht, und ich kann magische Macht über ihn haben." Das Haß-Szenario kann, wie jede andere Phantasiekonfiguration, zu der man Zuflucht nimmt, stark verallgemeinert werden, so daß die ursprünglichen Anlässe verlorengehen oder zu Schatten verblassen, während man aus ihm bei jeder Art von narzißtischem Verlust Genugtuung beziehen kann.

Es gibt zwei Wege, um einen Zugang dazu zu finden, wie der Patient das Haß-Szenario als generelle Reaktion auf Streß jeglicher Art einsetzt. Der Therapeut wird zum einen den Einfällen des Patienten aufmerksam folgen und die Auslöser der akuten Kränkungs-, Zorn-, Neid-, Scham- und Angstreaktionen ins Bewußtsein heben, die direkt zum Haß-Szenario führen. Zum anderen sollte der Therapeut die in jedem Motivationssystem entstehenden Konfliktsituationen erkennen, die nicht mit den Ursachen des Hasses in Zusammenhang stehen. Zum Beispiel kann ein Problem der physiologischen Regulation wie Bulimie oder ein Problem der sexuellen Funktion wie Ejaculatio praecox außerhalb eines

Zusammenhangs mit der aversiven Bindungserfahrung stehen, die das Zentrum des Hasses bildet. Wenn Therapeut und Patient jeden störenden Konflikt schon im Entstehen bearbeiten, verhindern sie, daß alle aktuellen Geschehnisse in das Haß-Szenario einfließen und, wie George Eliot (1876) es beschrieb, „diesem das ganze Leben unterordnen" oder mit Grotsteins treffender Metapher das Leben zum „schwarzen Loch" von Verletzung und Rache machen.

Am schwierigsten ist es vermutlich, jene Gratifikation des Hasses therapeutisch zu verändern, die aus dem starken Gefühl von Vertrautheit rührt, das der Haß für den chronisch hassenden Menschen hat. Der blanke, heftige Haß ist mehr als eine Motivation aus dem Bereich des aversiven Systems, die unter Streß wirksam wird, und auch mehr als eine Bindung an eine Person oder das Verbindungsglied zu einer Gruppe. Für den habituell Hassenden wird der Haß zum Synonym für das „Empfinden des Selbst" (sense of self). Das Selbstempfinden, wie wir es definieren, entwickelt sich als teils unabhängiges, teils interdependentes Zentrum der Initiative, Organisation und Integration von Erleben und Motivation. Wenn sich das Selbstempfinden zu einem Zentrum entwickelt hat, das aversive und andere Motivationen initiiert, organisiert und zum Haßerleben integriert, dann wird alles, was den Haß verstärkt, als eine Stärkung des Selbst erlebt, und alles, was den Haß bedroht, als Bedrohung des Selbst.

Die Handhabung einer solchen Gratifikation liegt außerhalb des Rahmens der analytischen Technik, obwohl sie unsere gesamte Sensibilität für die anstehende therapeutische Interaktion erfordert. Das Selbst des Analytikers muß dann stärker ins Zentrum gerückt werden. Winnicotts Bemerkung von der Bedeutung des Seins im Gegensatz zum Tun und von der Bedeutung der Herstellung von Zusammenhängen könnte das Vorgehen beschreiben, das wir brauchen, um der Auffassung entgegenzutreten, der bösartige Haß sei lebensnotwendig. Man muß sich bei Patienten, die pathologisch süchtig nach Haß als einem integralem Teil ihres Selbstempfindens sind, eingehend mit deren Glaubenssystem befassen.

Der Therapeut kann nicht einfach eine Haltung empathischer Wahrnehmung oder eines „containment“ beibehalten, ohne dadurch die Authentizität zu verlieren, die er braucht, um mit dem basalen Mißtrauen und Zynismus des Patienten umgehen zu können. Ein Therapeut, der sich auf eine solche Beziehung eingelassen hat, wird unvermeidlich mit irgendeiner konfrontativen Bemerkung herausplatzen, um sich zu vergewissern, daß er ein „Zentrum von Initiative“ geblieben ist (Lazar 1996). Wir nennen solche Bemerkungen „disziplinierte spontane Äußerungen“ (disciplined spontaneaous engagements).

Bei der Behandlung einer hospitalisierten Patientin, die oft von körperlichen Attacken zurückgehalten werden mußte, rief Pao plötzlich aus: „Sie freuen sich vielleicht, daß Sie jemanden gefunden haben, der genauso hassen kann wie Sie, aber Sie sind diejenige von uns beiden, die sich für ihre Haßgefühle schämt.“ (1965, S. 163) Wir können uns den positiven Effekt vorstellen, den Pao berichtet, nachdem er zur Patientin gesagt hatte: „Ich kann genauso hassen wie Sie! Im Moment habe ich sogar ein Haß-Szenario, in dem Sie vorkommen. Aber ich kann auch lieben und fürsorglich sein und mich um andere kümmern, und das gleiche können auch Sie, wenn wir uns beide beruhigt haben.“

Aus dem Amerikanischen von Hannelore und Ron Bodansky.

Literatur

Akhtar, S. (1995): Some reflections on the nature of hatred and its emergence in the treatment process. In: Akhtar, S.; Kramer; Parens, H. (Hg.): The Birth of Hatred. Northvale, NJ, S. 83–103.

Balzac, H. (1846): La cousine Bette. New York, 1983.

Bion, W. R. (1962): Learning from Experience. London. (Deutsch: Lernen durch Erfahrung. Frankfurt a. M., 1992).

Broucek, F. (1991): Shame and the Self. New York.

Eliot, G. (1876): Daniel Deronda. Oxford, 1984.

Gabbard, G. (1996): Love and Hate in the Analytic Setting. Northvale, NJ.

Hesse, E.; Main, M. (1999): Second generation effects of non-maltreating parents. Unresolved trauma in dissociated, frightening, and threatening parental behavior. Psa. Inq. 19, Nr. 4: 481–540.

Kernberg, O. F. (1995): Hatred as a core affect of aggression. In: Akhtar, S.; Kramer; Parens, H. (Hg.): The Birth of Hatred. Northvale, NJ, S. 53–83.

Lazar, S. G. (1996): The Necessity of Specific Facilitating Enactments in the Treatment of Regressed Patients. Unveröffentlichtes Manuskript.

Lewis, M. (1991): Shame, the Exposed Self. New York.

Lichtenberg, J. D. (1989): Psychoanalysis and Motivation. Hillsdale, NJ.

Lichtenberg, J. D.; Lachmann, F.; Fosshage, J. (1996): The Clinical Exchange. Hillsdale, NJ.

Liotti, G. (1999): Understanding the dissociative processes: the contribution of attachment theory. Psa. Inq. 19, 5: 757–783.

Mitchel, S. A. (1993): Hope and Dread in Psychoanalysis. New York (insbesondere Kap. 6).

Morrison, A. (1989): Shame, the Underside of Narcissism. Hillsdale, NJ.

Parens, H. (1979): The Development of Aggression in Early Childhood. New York.

Pao, N. (1965): The role of hatred in the ego. Psychoanalytic Quarterly 34: 257–264.

Wiesel, E. (1993): Peace Conference. New York, persönliche Mitteilung.

Wurmser, L. (1981): The Mask of Shame. Baltimore, MD. (Deutsch: Die Maske der Scham. Berlin/Heidelberg, 1990).

Hans-Peter Hartmann

Liebe – selbstpsychologisch betrachtet

Summary: A Selfpsychological View of Love

Starting from the philosophical roots of Freud's theory of love in Platon Freud's ideas about love are portrayed. In contrast to these ideas the self psychological view of love is clarified and it will be pointed out, that the fundamental difference lies in the different conceptions on narcissism (an independent developmental line in Kohut's view). Early patterns of relationship are the starting points of actual love relations in Kohut's as in Freud's theory. From a self psychological point of view the love relation is not primarily motivated by the satisfaction of a drive but by the fulfillment of selfobject functions. Postkohutian Self Psychology is more and more integrating findings from developmental psychology, especially attachment research in order to get a more differentiated understanding of love.

Wenn Dir's in Kopf und Herzen schwirrt,
Was kannst Du Bess'res haben?
Wer nicht mehr liebt und nicht mehr irrt,
Der lasse sich begraben!
(J .W. v. Goethe)

Wir haben, wo wir lieben, ja nur dies:
einander lassen; denn daß wir uns halten,
das fällt uns leicht und ist nicht erst zu lernen.
(R. M. Rilke)

Die Liebe ist auch in unserer von empirischer Wissenschaft durchdrungene Zeit nach wie vor ein „rätselhaftes" Gefühl (Bergmann 1987). Von psychoanalytischer Seite (Specht 1977) wird immer wieder auf Platons Symposium (Otto et al. 1957–1959) Bezug genommen, dessen „irdische" und „himmlische" Liebe sowohl sinnliches Begehren als auch asexuelle Vereinigung symbolisieren. Die platonische Wiedererinnerungslehre und damit verbundene Liebestheorie steht in einer Linie mit psychoanalytischen Überlegungen zur Liebe als Versuch, eine verlorengegangene Verbindung zu einem frühen Liebesobjekt wiederherzustellen. Viele psychoanalytische Restitutionstheorien neigen nach Specht dazu, den regressiv wiederbelebten Verliebtheitszustand für einen real erlebten Urzustand zu halten, und glauben damit an einen Paradiesmythos. Dieser erstrebte Idealzustand ist aber möglicherweise viel eher Abwehrfolge als Realität, denn: „Das Paradies gibt es nur in Erwartung des verlorenen Paradieses" (Specht 1977, S. 138).

Liebe und Verliebtheit bei Freud

Um die Unterschiede zu einer selbstpsychologischen Sicht der Liebe zu verdeutlichen, stelle ich zunächst Freuds Theorien der Liebe dar, der sich teilweise auf Platons Liebestheorie (Rede des Aristophanes im Symposium) bezieht.

Grundlage der Vereinigung ist bei Freud der Sexualtrieb. In seiner *zweizeitigen* Liebestheorie ist Liebe sublimierte Sexualität und hat zwei Wurzeln (Freud 1912): zärtliche und sinnliche Strömungen. Die zärtliche Strömung ist abgeleitet von der zielgehemmten Objektlibido und folgt aus der ursprünglichen kindlichen Objektwahl (Anlehnung der Sexualtriebe an die Ich-Triebe). Die sinnliche Strömung tritt in der Pubertät dazu und fördert (wegen der Inzestschranke) die Ablösung von den infantilen Objekten. Allmählich geht die zärtliche (infantil entstandene) Strömung auf das neue Liebesobjekt über, und es entsteht die sinnliche Verliebtheit. Kernberg (1997) nennt dies erotisches Begehren und ordnet es als Affekt höherer Ebene ein. Er betont dabei die Grenzüberschreitung bei gleichzeitigem Gewahrsein von Grenzen, insbesondere in der sexuellen Leidenschaft (Kernberg 1977). Die Liebesfähigkeit sieht Freud neben der Arbeitsfähigkeit als Teil der psychischen Gesundheit (Erikson 1963, S. 259). Sie ist jedoch eingebunden in ein Modell triebhaft motivierter Leidenschaften, die intrapsychisch zu Konflikten (mit dem Über-Ich) Anlaß geben. Die Tragödie der Suche nach Glück durch Arbeit und Liebe führt letztendlich zu Trauer und Schmerz, da der Mensch die Erfahrung macht, die Triebe nicht beherrschen zu können und den destruktiven Kräften der Aggression und seiner Schuld ausgeliefert ist.

Freuds Theorien der Liebe hängen eng mit seiner Konzeption des Narzißmus zusammen. Er kennt nur die Entwicklungslinie vom Narzißmus zum Objekt. Nach seiner Ansicht (Freud 1914) entwickelt sich der seelische Apparat von der Unreife (Primärprozeß) zur Reife (Sekundärprozeß). Dabei erfolgt Triebsublimierung von unreifen Formen der Triebbesetzung (Narzißmus) zu reifen Formen (Objektliebe). Der (primäre) Narzißmus etabliert sich am Übergang vom Autoerotismus zur Objektliebe und bezeichnet die Verliebtheit in die eigene Person.[1] Diese Selbstliebe findet Freud (1910) dann auch bei der Homosexualität, die er als Folge

1 Bergmann (1987) bezeichnet diese narzißtische Eigenbeziehung als Basis für Freuds zweite Theorie der Liebe.

verdrängter Mutterliebe erklärt.[2] Der spätere sekundäre Narzißmus tritt dann als Folge der Rücknahme libidinöser Objektbesetzungen nach der Phase des primären Narzißmus auf. Der primäre Narzißmus ist nach Freud (1913) ein Stadium, in dem sich die vorher unorganisierten Sexualtriebe zusammenschließen und auf ein Objekt (das sich entwickelnde Ich) Bezug nehmen. Freud (1914) definiert den primären Narzißmus in ökonomischen und energetischen Begriffen als libidinöse Besetzung des Ich. Ein Mehr oder Weniger an Narzißmus steht daher mit entsprechenden Veränderungen der Objektliebe in Verbindung. Entwicklungsziel ist die postödipale Objektliebe. Diese führt jedoch nie zur vollen Befriedigung, weil das endgültige Liebesobjekt nie mit dem urspünglichen übereinstimmt und die kulturellen Anforderungen eine Sublimierung der ursprünglich vielfältigen sexuellen Befriedigungsmöglichkeiten erzwingen (Freud 1912). „Die Objektfindung (ist) eigentlich eine Wiederfindung" (Freud 1905, S. 124), denn in der Erwachsenenliebe wird das Liebesobjekt der Kindheit gesucht.[3] Kernberg (1974) gibt mindestens vier Bedingungen an, bei deren Vorliegen von der Liebesfähigkeit des Erwachsenen im Sinne Freuds gesprochen werden kann:

– Die Entwicklung der Oralität und Körperoberflächenerotik muß abgeschlossen und zusammen mit libidinös und aggressiv determinierten Partial-Objektbeziehungen in Ganz-Objektbeziehungen integriert sein.

---

2 „Der Knabe verdrängt die Liebe zur Mutter, indem er sich selbst an deren Stelle setzt, sich mit der Mutter identifiziert und seine eigene Person zum Vorbild nimmt, in dessen Ähnlichkeit er seine neuen Liebesobjekte auswählt. Er ist homosexuell geworden; eigentlich ist er in den Autoerotismus zurückgeglitten, da die Knaben, die der Heranwachsende jetzt liebt, doch nur Ersatzpersonen und Erneuerungen seiner eigenen kindlichen Person sind, die er so liebt, wie die Mutter ihn als Kind geliebt hat. Wir sagen, er findet seine Liebesobjekte auf dem Wege des Narzißmus ..." (Freud 1910, S. 125).

3 Nach Bergmann (1987) handelt es sich hierbei um Freuds erste Theorie der Liebe.

- Die vollständige Integration der Genitalität in die Liebesbeziehung ist nach Lösung des Ödipuskonflikts gelungen.
- Die Entwicklung einer normalen Fähigkeit zur Idealisierung, basierend auf einer sicheren sexuellen Identität und realistischen Einstellung zum Liebesobjekt (bewußte Entscheidung, mit wem man leben will, unter Bezugnahme auf gemeinsame Ideale und Ziele).
- Entwicklung der Fähigkeit zu einer echten Beziehung zu sich selbst und zum anderen (Entwicklung von Empathie) verbunden mit einem allgemeinen Verständnis für menschliche Beziehungen und für das Leben.

Dieses Entwicklungsideal (die postödipale Objektliebe, s. o.) dürfte jedoch – wenn überhaupt – nur in den seltensten Fällen erreicht werden und entspricht Freuds dritter Liebestheorie (siehe Bergmann 1987), in der Liebe mehr als Triebsublimierung bedeutet und das ganze Ich in die Objektliebe involviert ist.

Narzißmus und Liebe bei Kohut

Der erste Unterschied zu Freud besteht darin, daß Kohut (1966, 1971) eine eigene, von den Trieben abgekoppelte Entwicklungslinie des Narzißmus (bzw. des Selbst und seiner Selbstobjekte[4]) konzipiert und diese zunehmend nicht nur als unabhängig von der Triebentwicklung, sondern als primär angesehen hat (Kohut 1984). Diese geht aus von einem virtuellen Selbst[5], führt über das archai-

---

4 Unter Selbstobjekt verstand Kohut (1971,1977, 1984) diejenige Dimension unseres Erlebens eines Mitmenschen, die mit dessen Funktion als Stütze unseres Selbst verbunden ist. Das Selbstobjekt ist also der subjektive Aspekt einer das Selbst erhaltenden Funktion, zustande gekommen durch die Beziehung zwischen Selbst und Objekt.

5 Mit virtuellem Selbst sind die Vorstellungen oder inneren Bilder der Eltern über ihr noch ungeborenes oder gerade geborenes Kind gemeint, mit denen sie dem Neugeborenen begegnen und damit seine angeborenen Potentiale ansprechen oder nicht.

sche[6] zum reifen Selbst und ermöglicht dadurch die Entwicklung eines in eine Selbstobjektmatrix eingebetteten kohäsiven Selbst (Wolf 1980). Nach Wolf (1988) ist das Selbst das organisierende Prinzip der menschlichen Psyche. Es ist definiert als strukturierte Organisation von Erfahrungen, die der Person einen Sinn von sich selbst verleiht. Es entsteht in einem Wechselspiel zwischen genetischen (inneres Design) und Umweltfaktoren (frühe Objekterfahrungen) im Prozeß des affektiven Austausches zwischen Eltern und Kind.

Die infantile Omnipotenz geht in zunehmenden Realitätssinn über, infantile Grandiosität macht allmählich einem reifen Selbstwertempfinden Platz. Nur ein nicht-kohäsives Selbst ist in unterschiedlichem Ausmaß auf archaische Selbstobjekterfahrungen angewiesen, je nach Ausmaß der intrapsychischen Strukturierung. Geringe Selbstberuhigungskapazität führt beispielsweise zur Suche nach idealisierten Selbstobjekten, wenig Selbstwertempfinden zur Suche nach spiegelnden Selbstobjekten. Normale Entwicklung wird also nicht als Schritt von der hilflosen Abhängigkeit zur Autonomie oder von der Selbstliebe zur Objektliebe konzipiert. Vielmehr bestehen Selbstobjektbedürfnisse lebenslang und entwickeln sich gewöhnlich aus archaischen zu reifen Formen. Archaische Selbstobjektbedürfnisse entstehen nicht durch Verlust eines Liebesobjekts, sondern bei Verlust reiferer Selbstobjekterfahrungen.

Bei normaler Entwicklung zum reifen Narzißmus (d. h. zu reifen Selbstobjektbeziehungen) und intakter Selbstkohä-

6 Der Zustand des archaischen Selbst ist gekennzeichnet durch Verschmelzungsbedürfnisse sowohl mit spiegelnden als auch mit idealisierten Selbstobjekten. Unvermeidliche Versagungen dieser Verschmelzungsbedürfnisse führen zu den normalen Ausgangsstrukturen des archaischen Selbst: das Größenselbst und die idealisierte Elternimago. Im Verlauf der Konsolidierung des Selbst treten Verschmelzungsbedürfnisse in den Hintergrund, es bleiben aber Bedürfnisse nach Spiegelung, Idealisierung sowie Gleichheit (Alter ego) lebenslang erhalten (Übersicht bei Milch u. Hartmann 1996), die im Rahmen der Verfolgung reifer narzißtischer Ziele, Strebungen und Ideale befriedigt werden können.

renz erweitern sexuelle und aggressive Wünsche die Selbsterfahrung und bedrohen nicht wesentlich den Selbstzustand. Unter der Voraussetzung eines nichtkohärenten Selbst werden triebhafte Äußerungen als Sexualisierung[7] und Aggressivierung[8] und damit als Abwehr aufgefaßt (Ornstein 1992); primär geht es dabei um archaische oder unreifere Formen von Selbstobjekterfahrungen (Spiegelung, Idealisierung, Alter ego). Sexualisierte Phantasien entstehen auf dem Hintergrund unbeantworteter Selbstobjektbedürfnisse, um auf diese Weise jene zu befriedigen.

Die psychoanalytische Selbstpsychologie geht ebenso wie Freud davon aus, daß sich aktuelle Liebesbeziehungen aus frühen Beziehungsmustern entwickeln (Beebe u. Lachmann 1992), bezieht deren motivationale Basis allerdings nicht auf Triebbefriedigung, sondern auf die Erbringung von Selbstobjektfunktionen. Kohut (1977) greift bei seinen Überlegungen zur Liebe auf seine Konzeption des Narzißmus zurück. Für ihn gibt es keine reife Liebe, bei der das Liebesobjekt nicht zugleich auch ein Selbstobjekt ist. Folglich gibt es in selbstpsychologischer Sicht „... keine Liebesbeziehung ohne gegenseitiges (das Selbstwertgefühl steigerndes) Spiegeln und Idealisieren“ (Kohut 1977, S. 112, Fußnote 12). Das gilt jedoch nicht immer umgekehrt. Da die Objektliebe sich parallel zum Narzißmus entwickelt, kann neben starken narzißtischen Beziehungen auch die Objektliebe zu einem vom Selbst unterschiedenen anderen Objekt bestehen bleiben.

---

7 Beispielhaft dafür ist eine fieberhaft gesuchte intensive Lusterfahrung als Ausdruck eines im Erleben prioritär gewordenen Triebs. Dies dient der Erlangung größerer Selbstkohärenz (sich selbst spüren) bei Vorliegen einer Desintegration. Masturbation dient dem depressiven Kind (und auch Erwachsenen) als Hilfe zur Selbstkohärenz und hat beim gesunden ödipalen Kind eine ganz andere Bedeutung (Freude über sich selbst, Spiegelung). Schließlich prägt die elterliche Reaktion auf die kindliche Liebe deren spätere Ausformung in der Partnerschaft.

8 Dazu gehören beispielsweise frustrationsbedingte narzißtische Wutzustände bei Selbstobjektversagen, im Unterschied zu Kernbergs Hypothese, wonach Wutzustände Folge einer Fixierung auf triebbedingte orale Aggression sind.

Freud betrachtete Homosexualität als Liebe des narzißtischen Typus. Nach Kohut (1996) gibt es jedoch auch unter homosexuellen Paaren solche mit ausgeprägter Objektliebe, wenn auch seltener als bei heterosexuellen Paaren. Umgekehrt finden sich bei heterosexuellen Paaren auch ausgeprägte narzißtische (Selbstobjekt-)Beziehungen, auch wenn dies nicht überwiegend der Fall ist. Daraus folgt, daß die Wahl des Liebesobjekts nicht unbedingt etwas über Narzißmus und Objektliebe oder Reife und Unreife aussagt, sondern die Annahme zweier getrennter Entwicklungslinien diese Phänomene besser beschreibt. Ein weiteres Beispiel zur Illustration dieser Hypothese ist die Tatsache, daß dann, wenn man ein Liebesobjekt begehrt und dieses sich einem anderen zuwendet, nicht nur Trauer und Wut über den Verlust spürbar werden, sondern auch das Gefühl verletzten Stolzes auftaucht. Schließlich ist Sexualverkehr nicht nur spannungsreduzierend, sondern auch narzißtisch befriedigend (z. B. als Spiegelungserfahrung). Im Mittelpunkt steht also die Fähigkeit zweier Partner, sich wechselseitig Selbstobjektfunktionen gewähren zu können, so zur je individuellen Selbststabilisierung und Kohärenz beizutragen und damit auch die Basis für befriedigende sexuelle Beziehungen zu legen. Auf diese Weise wird das gegenseitige Halten im Sinne des Rilke-Mottos Voraussetzung für das gegenseitige Lassen, die Gewährung von Freiheit.

Die zweite Differenz zu Freud besteht in der unterschiedlichen Konzeption wissenschaftlicher Objektivität. Da Kohut die Methode der Empathie (stellvertretende Introspektion) zur Datengewinnung einsetzt, sind Aussagen über objektive Realität (durch Extrospektion) nicht erzielbar. Wird der Schwerpunkt der Datengewinnung auf das subjektive Erleben verschoben (Kohut), treten kulturell gültige Normen (Freud) in den Hintergrund. Demgemäß ist psychische Gesundheit nach Kohut, im Gegensatz zu Freuds universell gültiger Definition, nicht an Liebesfähigkeit (und Arbeitsfähigkeit) gebunden, sondern an die Verwirklichung wenigstens eines Persönlichkeitssektors, in dem es gelungen ist, mittels vorhandener Fähigkeiten und Begabungen Strebungen zu verfolgen, die auf ein (ideales) Ziel gerichtet sind. Subjektives Wohlbefinden ist demnach entscheidend. Im Grunde zeigen sich natürlich auch an dieser Stelle die unterschiedlichen anthropologischen Grundannahmen bei Kohut und Freud. Während in Kohuts romantischer Sicht Selbstverwirklichung und Selbstentwicklung betont und kein wesentlicher Gegensatz zwischen innerer Natur und äußerer Realität gesehen wird, ist Freuds klassische Sichtweise geprägt vom Glauben an die Vernunft, kombiniert mit einer Moral des Verzichts als einzige Möglichkeit zur Herstellung menschlicher Verhältnisse.

Terman (1980) greift bei seiner Diskussion der Objektliebe aus selbstpsychologischer Sicht auf das Konzept der primären Liebe von Balint (1965) und auf Ferenczi (1933) zurück. Für ihn sind Selbstobjektbeziehungen mit primärer Liebe vergleichbar. Prozesse und Erfahrungen im Bereich der primären Liebe oder der Selbstobjektbeziehungen ermöglichen die Selbstentwicklung und sind zugleich die Basis für die Fähigkeit zur Objektliebe. Die innere Erfahrung des Geliebtwerdens, die durch die Eltern erfüllte Selbstobjektfunktion der Sorge, Verfügbarkeit, Empathie und Lust im Umgang mit dem Kind entspricht Balints und Ferenczis passiver Liebe. Diese Konzeptualisierung reduziert die Liebe also nicht allein auf innere somatische Ursprünge. Selbstgefühl und Liebe entwickeln sich aus einer Matrix von Selbstobjektbeziehungen. Liebe ist das Bedürfnis nach aktiver Wiederherstellung einer frühen Selbstobjektbeziehung, in der sich *lieben* und *geliebt* werden realisieren lassen.[9] Ziel der meisten intimen Beziehungen ist der wechselseitige Austausch von Selbststützung. Auf diese Weise sind die Entwicklungslinien (s. o.) eng miteinander verbunden. Objektliebe realisiert frühe Selbstobjektbedürfnisse zu einem Zeitpunkt, wo Subjekt und Objekt deutlich getrennt existieren. Die Objektliebe hängt also wesentlich mit der Selbstliebe zusammen. Die Verbindung von Sinnlichkeit und Erotik gelingt

9 Solche archaischen Selbstobjektbedürfnisse (etwa archaische Verschmelzungswünsche) drücken sich in erotischer Sehnsucht aus.

über die Zusammenhänge zwischen kindlicher und erwachsener Sinnlichkeitserfahrung. Nichtsinnliches gehört jedoch ebenfalls ganz wesentlich zur Objektliebe. Die Entwicklung von archaischen zu reifen Selbstobjektfunktionen führt dazu, daß das Objekt immer deutlicher als Zentrum eigener Initiative gesehen werden kann. Hiervon hängt auch die Entwicklung von Liebe ab. Die Beziehung zu einem zunehmend als unabhängig empfundenen Objekt wird nicht nur freudig erlebt. Oft kommt es zu einem Wechsel von Separations- und Fusionserfahrungen, wodurch die Entwicklung der Liebe eine unverwechselbare Eigenschaft und Intensität erhält. Terman vergleicht diesen Ablauf mit einer Fuge: Ein Thema wird entfaltet, und die einzelnen Stimmen kommen sich näher, konfluieren und entfernen sich wieder. Die Fähigkeit zur Sorge und Wertschätzung anderer ist laut Terman erst nach Entwicklung eines Selbst und nach nicht mehr einseitig obligat notwendiger Erfüllung von Selbstobjektfunktionen in vollem Umfang vorhanden. Wechselseitigkeit dieser Funktionen wird erst spät erworben.

Die genitale Liebe bedeutet bei Balint (1968) Rücksichtnahme auf die Bedürfnisse des Objekts bis kurz vor dem Orgasmus, um dann primäre Liebe zu ermöglichen. Selbstpsychologisch formuliert könnte man sagen, daß in der Liebe eine sexuelle Begegnung möglich wird, die es erlaubt, ohne Angst den anderen als Objekt und archaisches Selbstobjekt (im Orgasmus) zu genießen, verbunden mit Empathie, die durch den Orgasmus kurzzeitig aufgehoben wird. Während Freud die Liebe als sublimierte Sexualität verstand, begreift die psychoanalytische Selbstpsychologie sie als Fürsorglichkeit, Zärtlichkeit, Zuneigung, Anteilnahme. Das Liebesobjekt hat Selbstobjektfunktion, und dementsprechend wird mit narzißtischer Symptomatik reagiert, wenn eine Beziehungsunterbrechung durch Demütigungen und Zurückweisungen entsteht. Sexualität wird damit sekundär, primär ist die motivationale Bedeutung der Erhaltung von Selbstkohärenz. Die Bedeutung von Sexualität wird damit aber nicht minimalisiert, sondern nur anders eingeordnet. In der Äußerung sexueller Bedürfnisse kann sich ein intaktes, starkes

Selbst manifestieren, denn Erleben und Ausdruck von gesunden Trieben sind der Verwirklichung der Ziele und Strebungen des Selbst förderlich. Ebensowenig sind sexuelle Kontakte ohne die Bedingung von Selbstkohärenz unbefriedigend, sondern sie stellen wichtige vitalisierende und kohärenzfördernde Selbstobjekterfahrungen dar.[10]

Reife Liebe ist nach Bacal und Newman (1990) charakterisiert durch den reiferen (gegenseitigen) Gebrauch, den der Erwachsene vom anderen (als Selbstobjekt) macht.[11] Reifung der Selbstobjektbeziehungen heißt also nicht Reife im Sinne einer Zurücknahme der Besetzung des Selbst oder Ersetzung eines narzißtisch besetzten Objekts durch ein Objekt der Liebe oder Anteilnahme. Dieser reifere Umgang kommt durch ein stärkeres (kohärenteres) Selbst zustande, das sich zu einem relativ unabhängigen Zentrum der Initiative entwickelt hat und daher auch den anderen als solches (Objekt) sehen kann. Unausweichlich sind dabei natürlich Konflikte zwischen Selbst und Selbstobjekt, die durch die gegenseitig beanspruchten Selbstobjektfunktionen hervorgerufen werden können. Das Erleben der Anerkennung eigener Selbstobjektbedürfnisse in der Entwicklung, das mit dem Empfinden eigener Berechtigung einhergeht, ermöglicht die Entfaltung der angeborenen Bereitschaft zu geben und damit die Wechselseitigkeit von Selbstobjektfunktionen. Die Annahme einer primären, biologisch fundierten Prosozialität des Menschen kann soziobiologisch und evolutionstheoretisch gestützt werden. Ridley (1996) weist auf die Fehlannahmen früherer Biologen hin, die den gnadenlosen Kampf ums Dasein in den Mittelpunkt stellten und in der Tradition von Macchiavelli und Hobbes die Natur des Menschen als wesentlich selbstbezogen und individualistisch beschrieben. Nur durch den Ein-

10 Die subjektiv gefühlte erotische Spannung hat mit solchen Selbstobjekterfahrungen zu tun, weshalb nicht immer sofort klar ist, ob sie Folge eines sexualisierten oder sexuellen Begehrens (bei vorhandener Selbstkohärenz) ist.

11 Wie an verschiedenen Stellen dieser Arbeit betont wird, spielt die Dialektik des Gebrauchens und Sich-gebrauchen-Lassens eine wesentliche Rolle.

fluß der Kultur könnten diese niederen Triebkräfte beherrscht werden. Statt dessen darf heute als gesichert gelten, daß auch (reziproke) genetisch enkodierte altruistische Verhaltensformen eine erhebliche Bedeutung für das Überleben der Menschen haben (Slavin u. Kriegman 1992).

Liebe in der postkohutianischen Selbstpsychologie

Die Ergebnisse der Bindungsforschung und der zeitgenössischen Entwicklungspsychologie spielen heute in der Selbstpsychologie zunehmend eine Rolle und führen zu einem differenzierteren Verständnis der Liebe. Wie sich schon in der Beschäftigung mit Kohuts Verständnis der Liebe andeutete, sind an ihr mehrere Bereiche menschlichen Erlebens und Verhaltens beteiligt. Nach meiner Auffassung kann man mindestens drei Bereiche unterscheiden: Bindung, Sorge und Anteilnahme sowie Sinnlichkeit und Sexualität. Damit sind mindestens zwei von Lichtenbergs fünf Motivationssystemen angesprochen (Lichtenberg 1989), nämlich Bindung und Sensualität/Sexualität. Sorge und Anteilnahme lassen sich gut dem Bindungssystem zuordnen, entwickeln sich wahrscheinlich aber auch zum Teil im Rahmen der physiologischen Grundregulation (erstes Motivationssystem bei Lichtenberg). Emde (1991) geht davon aus, daß die wechselseitige Regulation neben biologischen Prädispositionen die entscheidende Basis für die Moralentwicklung (und damit auch für das prosoziale Verhalten) ist.

Bezüglich der Bindung ist festzuhalten, daß Bindung und Liebe natürlich nicht identisch sind. Jede Liebesbeziehung enthält eine Bindungsbeziehung, aber nicht umgekehrt. Freuds erste Liebestheorie (s.o.) kann als Vorläufer einer Bindungsbeziehung betrachtet werden. Zeitgenössische Bindungsforscher (Hazan u. Shaver 1987) haben herausgefunden, daß Liebesbeziehungen Erwachsener auf infantil erworbene Bindungsstile rückführbar sind. Sie schlagen vor, eine Spielart der Liebe – die romantische Liebe – als Bindungsprozeß zu verstehen. Besondere Bedeutung hat diese

Sichtweise deshalb, weil die romantische Liebe, die im Gegensatz zur partnerschaftlichen Liebe steht, immer größere Bedeutung gewinnt. Im Editorial der Zeitschrift „Familiendynamik“ weisen Retzer und Simon (1998) darauf hin, daß trotz steigender Scheidungsraten niemals zuvor so viele Menschen über so lange Zeiträume mit demselben Partner zusammenlebten und angesichts des Wegfalls der traditionellen Versorgungsfunktion der Ehe diese immer häufiger als Liebesehe begründet wird. Die Liebesehe stellt jedoch hohe Ansprüche an die Partner mit der Folge vermehrter Trennungen (weil in der Beziehung die eigenen Liebesideale nicht durchgesetzt werden können) und zeigt besonders deutlich die Kennzeichen einer Selbstobjektbeziehung (es entsteht durch sie ein neues Selbstgefühl).

Mit Hilfe der Bindungstheorie ist es möglich, unterschiedliche Liebesformen im Verlauf der Entwicklung zu konzeptualisieren. Es wird dabei angenommen, daß die Kommunikationsbesonderheiten der infantilen Bindung (z. B. Responsivität, Vorhersagbarkeit, Unterstützung, Sicherheit usw.) auch die Sicherheit erwachsener romantischer Bindungen determinieren. Im Rahmen der Bindungstheorie werden vier Muster infantiler Bindungsqualitäten unterschieden:

- Sichere Bindung (Typ B)
- Unsicher-vermeidende Bindung (Typ A)
- Unsicher-ambivalente Bindung (Typ C)
- Desorganisiert-desorientierte Bindung (Typ D)

Waters und Mitarbeiter (1995) zeigten, daß der infantile Bindungstyp bis zum Alter von 20 Jahren in 70 Prozent der Fälle unverändert blieb. Dagegen wiesen Owens und Mitarbeiter (1995) nach, daß die determinierende Kraft früher Erfahrungen nicht ganz so stark ist, sondern daß die gemeinsame Konstruktion einer erwachsenen (romantischen) Bindungsbeziehung die Wirkung der frühen Erfahrungen verändern kann. Sie fanden keine Korrelation zwischen den infantilen Bindungstypen zweier Partner, aber Korrelationen zwischen den Repräsentanzen ihrer gegenwärtigen Liebesbeziehung. Daraus folgt, daß die frühe Bindungserfahrung nur mäßigen Einfluß auf die Bindungsbeziehung zweier erwachsener Partner hat, somit immer eine gewisse Offenheit für Veränderung vorhanden ist und die Gleichung (un)-glückliche Kindheit = (un)glückliche Liebe (Hohage 1997) nicht immer stimmt. In ähnlicher Weise äußert sich Person (1988, 1991) über die kreativen Potentiale romantischer Liebe und die damit verbundenen Veränderungsmöglichkeiten sowohl hinsichtlich einer Veränderung der Selbststruktur als auch der Selbstverwirklichung.

In der Bindungstheorie wird davon ausgegangen, daß ein Modell über die Bindung Erwachsener sich an Bowlbys Schema der Bindungsentwicklung bei Kindern (Bowlby 1975) anlehnen kann. Nach Hazan und Zeifman (1999) entspricht Bowlbys erste Phase (Orientierung und Signale ohne Unterscheidung der Figur) beim Erwachsenen einem Prä-Bindungsverhalten in Form von Attraktion und Flirt. Die zweite Phase (Orientierung und Signale, die sich auf eine oder mehrere unterschiedene Personen richten) kann man mit dem beginnenden sich Verlieben beim Erwachsenen in Verbindung bringen. Die dritte Phase (Aufrechterhaltung der Nähe zu einer unterschiedenen Figur durch Fortbewegung und durch Signale) entspricht der erwachsenen Liebe mit ihrem beruhigenden, arousal-moderierenden Effekt auf beide Partner (als Folge der Erfahrung gegenseitiger Erregung und Entspannung). Schließlich kann man die vierte Phase (Bildung einer zielkorrigierten Partnerschaft) auch in der postromantischen Phase des Erwachsenen wiederfinden.

Beebe und McCrorie (1996) weisen daraufhin, daß bei Paaren ein Abgleich vokaler Rhythmen stattfindet, eine Koordination zeitlicher Muster, welche dem Erwerb einer ko-konstruierten Bindungssicherheit (über Erwartungen und Antizipationen) dienen kann. Hier findet dann ein ähnlicher Prozeß wie zwischen Mutter und Kind statt (oder zwischen Analytiker und Analysand). Interessanterweise führt ein Höchstmaß an Kontingenz vokaler Rhythmen zwischen Mutter und Kind (vier Monate alt) zu einem disorganisierten Bindungstyp beim Kind im Alter von zwölf Monaten (Jaffe et al. 1996). Was hier vermutlich erfaßt wird, ist ein besonderes Ausmaß an Vigilanz in Form einer völlig übermäßigen Abstimmung (Stern 1985), wie sie auch bei schizophrenen Müttern vorkommt, die nicht in der Lage sind, zwei Bezugsrahmen gleichzeitig aufrechtzuerhalten und sich dann völlig auf das Kind einstellen (oder völlig bei sich bleiben). In vergleichbarer Weise zeigte Gottman (1981, zit. n. Beebe u. McCrorie 1996), daß verzweifelte Ehepartner ein höheres Maß interaktiver Kontingenz aufwiesen. Es wird so deutlich, daß es darauf ankommt, wie das Wechselspiel beider Partner funktioniert. Die psychoanalytisch inspirierte Entwicklungspsychologie stellt mit ihrer Konzeption von Selbst- und Fremdregulation (Beebe, Jaffe u. Lachmann 1992) ein Koordinatensystem zur Verfügung, das helfen kann, das Zusammenspiel von Selbstobjekterfahrungen bei Paaren zu verdeutlichen. Bezug genommen wird dabei auf die Bindungstypologie (Grossmann et al. 1989) mit den Klassifikationen A (unsicher-vermeidend), B (sicher gebunden), C (unsicher-ambivalent) und D (desorganisiert/desorientiert).

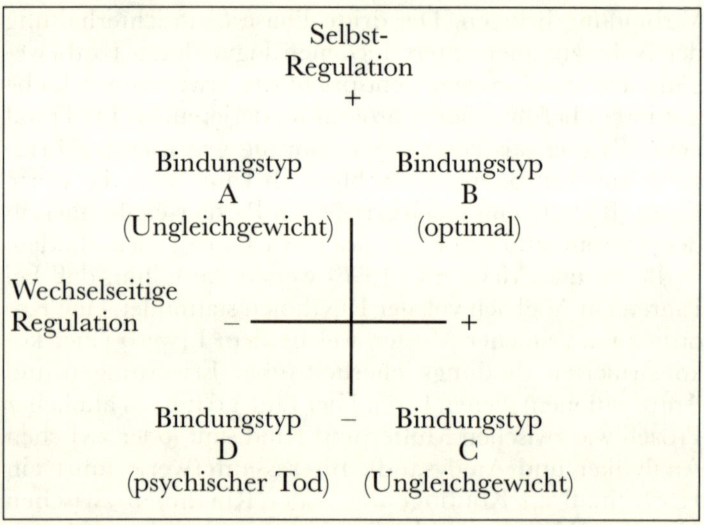

Die ideale Paarbeziehung mit den größten Freiheitsgraden liegt dann vor, wenn beide Partner sich selbst und wechselseitig regulieren können. Sind weder Selbst- noch wechselseitige Regulation möglich, dürfte die Paarbeziehung kaum Chancen haben. Im Fall C liegt übergroße Abhängigkeit vor, im Fall A übergroße Unabhängigkeit und wenig Vertrauen.

Schließlich ist noch ein weiterer Aspekt der Liebe zu erwähnen, der bereits von Erikson (1968) für bedeutsam gehalten wurde: die Intimität. In der psychoanalytischen Selbstpsychologie hat sich vor allem Lichtenberg (1998) damit beschäftigt. Intimität bezieht sich nicht nur auf Sexualität, sondern allgemein auf emotional nahe Beziehungen. Sie entwickelt sich ebenso wie Bindung und Liebesfähigkeit durch wichtige Erfahrungen mit anderen. Die Fähigkeit zur Intimität (mit anderen) fußt dabei auf der Fähigkeit zur Intimität mit sich selbst. Letztere hat zur Voraussetzung:

- die Bereitstellung von Gelegenheit für Intimität durch andere (beginnend vor der Geburt und andauernd durch das ganze Leben),
- die allmähliche Entwicklung eines Selbstempfindens, das im Zusammenhang mit dem Aufkommen und Verschwinden von Motivationen in fünf Motivationssystemen als kohäsiv erlebt wird,
- die allmähliche Entwicklung selbstreflexiver Fähigkeiten (oder einer Theorie des Mentalen) für die Bereiche der Selbst-Anderer- und Selbst-Selbst-Kommunikation[12].

Basis der Intimität für sich selbst ist die Möglichkeit, emotionales Erleben selbst wieder erschaffen zu können. Intimität mit dem anderen wird ab Erreichen der Intersubjektivität (subjektives Selbstempfinden bei Stern, 1985) hergestellt

12 Braten (1992) hypostasiert eine von Geburt an wirksame Organisation von Selbst und anderem, die intrapersonal über die Kommunikation von Selbst und virtuellem anderen, interpersonal zwischen Selbst und realem anderen abläuft. Dazwischen nimmt er einen Übergangsbereich an, in dem der reale andere als virtueller Begleiter vom Säugling kreiert wird.

durch aktives Angleichen und Erkennen emotionaler Zustände. Ein positives Intimitätsgefühl beruht darauf, daß man sich selbst mag. Hieraus entsteht Selbstsympathie, die, wenn nötig, vor Angriffen von außen geschützt wird oder die man mit anderen in Liebe, Zuneigung und Sicherheit teilen möchte. Beim Zusammentreffen von starken Gefühlen der Intimität mit sich selbst und mit anderen wird die Qualität menschlicher Erfahrungen verbessert und belebt. In der Intimität mit einem Partner liegt immer auch eine Möglichkeit durch dessen spiegelnde Responsivität Aspekte des eigenen Selbst zu erkennen. Dies sind die Voraussetzungen der Entwicklung reifer Liebesfähigkeit.

Psychotherapie und Liebe

Für Freud war schon sehr früh klar, daß die psychoanalytische Therapie „... eigentlich eine Heilung durch Liebe (darstellt)" (Freud/Jung, Briefwechsel, 1979, S. 10). Aufgrund des in der Psychoanalyse herrschenden Zärtlichkeitstabus ist Liebe als wirksames Agens verneint worden. Ferenczi (1985) war lange Zeit wegen seiner Auffassung in psychoanalytischen Kreisen geächtet, erlebt aber zur Zeit zumindest in den USA (Aron u. Harris 1993) und auch bei körpertherapeutisch arbeitenden Psychoanalytikern (Scharff 1995a,b) eine Renaissance. Für Kohut war es unter der Prämisse der Ablehnung von Sympathie und Zärtlichkeit in der psychoanalytischen Gemeinschaft von großer Bedeutung hervorzuheben, daß Empathie und empathische Resonanz nichts mit Sympathie oder Liebe zu tun habe, sondern lediglich eine Umformung des Narzißmus darstelle und methodische Bedeutung habe. Betrachtet man jedoch die Definition von Liebe, die Suttie gegeben hat (Bacal u. Newman 1990), daß nämlich Liebe eine von Gefühl und Interesse getragene Responsivität[13] darstellt, wird die Nähe zur Selbst-

13 Vgl. den Beitrag von E. S. Wolf in diesem Band.

psychologie wieder deutlich. Hier handelt es sich dann um nichts anderes als optimale Responsivität (Bacal 1985).

Abschließende Bemerkungen

Das Verständnis von Liebe in der psychoanalytischen Selbstpsychologie betont die Erfüllung gegenseitiger Selbstobjektfunktionen für beide Partner und die kreative Potenz dieser Möglichkeiten, die im besten Fall die Basis für die individuelle Selbstentwicklung bietet. Es mutet fast wie ein Paradox an: die Betonung des Selbstgefühls fördert das Wir-Gefühl (Klein 1967) und umgekehrt. Reife Liebe ist vielleicht eine Mischung aus Selbstgefühl, Gefühl für einen bedeutsamen anderen und Wir-Gefühl, eine Mischung aus Selbstregulation und wechselseitiger Regulation, Fusion und Separation, verbunden mit erotischer Sehnsucht und Spannung, wobei die Sexualität Ausdruck von Vitalität ist oder vitalisierend wirkt. Liebe ist aber nicht nur auf Paarbeziehungen beschränkt, besonders dann, wenn man Liebe definiert als Gefühl von Glückseligkeit und momentaner Zeitlosigkeit, Verschmelzungssehnsucht und dem Wunsch, eins zu werden. Solche Gefühle von Liebe können sich auch in Gegenwart bestimmter Musik, bei Naturerlebnissen oder Kunstwerken einstellen. Platons Liebestheorie im Symposion ist eher eine selbstpsychologische Theorie, insofern sie von einem narzißtischen Defizit ausgeht, das durch Liebe ausgeglichen und wodurch Vollkommenheit erstrebt wird.

Die verschiedenen Aspekte der Liebe lassen sich vielleicht wissenschaftlich beschreiben und besser verstehen, ihre erlebnisnahe Dramatik und Lebendigkeit gehen jedoch in den Begrifflichkeiten von Theorien schnell verloren. Deshalb lasse ich zum Schluß die Dichtung sprechen:

> Wie soll ich meine Seele halten, daß
> sie nicht an deine rührt? Wie soll ich sie
> hinheben über dich zu andern Dingen?
> Ach gerne möchte ich sie bei irgendwas

Verlorenem im Dunkel unterbringen
an einer fremden stillen Stelle, die
nicht weiterschwingt, wenn deine Tiefen schwingen.
Doch alles, was uns anrührt, dich und mich,
nimmt uns zusammen wie ein Bogenstrich,
der aus zwei Saiten eine Stimme zieht.
Auf welches Instrument sind wir gespannt?
Und welcher Geiger hat uns in der Hand?
O süßes Lied.
(R. M. Rilke, Liebes-Lied)

Literatur

Aron, L.; Harris, A. (Hgs.) (1993): The Legacy of Sandor Ferenczi. Hilldsdale, NJ.

Bacal, H. A. (1985): Optimal responsiveness and the therapeutic process. In: Goldberg, A. (Hg.): Progress in Self Psychology. New York, S. 202–226.

Bacal, H. A., Newman, K. M. (1990): Objektbeziehungstheorien – Brücken zur Selbstpsychologie. Stuttgart, 1994.

Balint, M. (1965): Die Urformen der Liebe und die Technik der Psychoanalyse. Frankfurt a. M., 1969.

Balint, M. (1968): Therapeutische Aspekte der Regression. Stuttgart, 1970.

Beebe, B.; Jaffe, J.; Lachmann, F. M. (1992): A dyadic systems view of communication. In: Skolnick, N. J., Warshaw, S. C. (Hg.): Relational Perspectives in Psychoanalysis. Hillsdale, S. 61–81.

Beebe, B.; Lachmann, F. M. (1992): The contribution of mother-infant mutual influence to the origins of self- and object representations. In: Skolnick, N. J.; Warshaw, S. C. (Hg.), Relational Perspectives in Psychoanalysis. Hillsdale, S. 83–117.

Beebe, B.; McCrorie, E. (1996): A model of love for the 21st century: Infant research, literature, romantic attachment, and psychoanalysis. Vortrag auf der 19. Jahreskonferenz für Selbstpsychologie, Washington D.C., 17.–20.10.1996.

Bergmann, M. S. (1987): Eine Geschichte der Liebe. Frankfurt a. M. 1994.

Bowlby, J. (1975): Bindung: eine Analyse der Mutter-Kind-Beziehung. München.

Braten, S. (1992): The virtual other in infants' minds and social feelings. In: Wold, A. H. (Hg.): The Dialogical Alternative. Towards a Theory of Language and Mind. Oslo, S. 77–97.

Emde, R. N. (1991): Die endliche und die unendliche Entwicklung, I: Angeborene und motivationale Faktoren aus der frühen Kindheit. Psyche 45: 745–779.

Erikson, E. H. (1963): Kindheit und Gesellschaft. Stuttgart, 1984.

Erikson, E. H. (1968): Jugend und Krise. Stuttgart, 1970.

Ferenczi, S. (1933): Sprachverwirrung zwischen dem Erwachsenen und dem Kind. In: Bausteine zur Psychoanalyse, Bd. 3, S. 511–525.

Ferenczi, S. (1985): Ohne Sympathie keine Heilung. Frankfurt a. M. 1988.

Freud, S. (1905): Drei Abhandlungen zur Sexualtheorie. G.W. Bd. V, S. 27–145.

Freud, S. (1910): Eine Kindheitserinnerung des Leonardo da Vinci. G.W. Bd. VIII, S. 127–211.

Freud, S. (1912): Über die allgemeinste Erniedrigung des Liebeslebens. G.W. Bd. VIII, 78–91.

Freud, S. (1913): Totem und Tabu. G.W. Bd. IX, S. 1–194.

Freud, S. (1914): Zur Einführung des Narzißmus. G.W. Bd. X, S. 137–170.

Freud, S. (1920): Jenseits des Lustprinzips. G.W. Bd. XIII, S. 3–69.

Freud, S.; Jung, C. G. (1979): Briefwechsel, Hg. v. W. McGuire u. W. Sauerländer. Frankfurt a. M., 1984.

Grossmann, K. E.; August, P.; Fremmer-Bombik, E.; Friedl, A.; Grossmann, K.; Scheuerer-Englisch, H.; Spangler, G.; Stephan, C.; Suess, G. (1989): Die Bindungstheorie: Modell und entwicklungspsychologische Forschung. In: Keller, H. (Hg.): Handbuch der Kleinkindforschung. Berlin, S. 31–55.

Hazan, C.; Shaver, P. R. (1987): Romantic love conceptualized as an attachment process. J. Pers. Soc. Psychology 52: 511–524.

Hazan, C.; Zeifman, D. (1999): Pair bonds as attachments. Evaluating the evidence. In: Cassidy, J.; Shaver, P. R. (Hg.): Handbook of Attachment. Theory, Research and Clinical Applications. New York/London, S. 336–354.

Hohage, R. (1997): Das erotische Element der Liebe. In: Höhfeld, K.; Schlösser, A.-M. (Hg.): Psychoanalyse der Liebe. Gießen, S. 13–24.

Jaffe, J.; Feldstein, S.; Beebe, B.; Crown, C. L.; Jasnow, M. (1996): Rhythms of Dialogue in Infancy: Coordinated Timing and Infant Development. Monograph Series of the Society for Research in Child Development.

Kernberg, O. (1974): Mature love: prerequisites and characteristics. J. Amer. Psychoanal. Assn. 22: 743–768.

Kernberg, O. (1977): Boundaries and Structure in love relations. J. Am. Psychoanal. Assn. 25: 81–114.

Kernberg, O. (1997): Sexuelle Erregung und Wut: Bausteine der Triebe. Teil 1 und 2. Forum der Psychoanalyse 13: 97–118

Klein, G. S. (1967): Peremptory ideation: structure and force in motivated ideas. Psychol. Issues, 5, Nr. 2–3, Monograph 18/19., New York.

Kohut, H. (1966): Formen und Umformungen des Narzißmus. Psyche 20: 561–587.

Kohut, H. (1971): Narzißmus. Frankfurt a. M., 1973.

Kohut, H. (1977): Die Heilung des Selbst. Frankfurt a. M., 1979.

Kohut, H. (1984): Wie heilt die Psychoanalyse? Frankfurt a. M., 1987.

Lichtenberg, J. D. (1989): Psychoanalysis and Motivation. Hillsdale.

Lichtenberg, J. D. (1998): Intimacy with the Self. Unveröffentl. Manuskript.

Milch, W. E.; Hartmann, H.-P. (1996): Zum gegenwärtigen Stand der psychoanalytischen Selbstpsychologie. Psychotherapeut 41: 1–12.

Ornstein, P. H. (1992): Zur Bedeutung von Sexualität und Aggression für die Pathogenese psychischer Erkrankungen. In: Schöttler, C.; Kutter, P. (Hg.): Sexualität und Aggression aus der Sicht der Selbstpsychologie. Frankfurt a. M., S. 77–97.

Otto, W. F.; Grassi, E.; Plamböck, G. (1957–1959): Platon. Sämtliche Werke. Bd. 1–6. Hamburg.

Owens, G.; Crowell, J. A.; Pan, H.; Treboux, D.; O'Connor, E.; Waters, E. (1995): The prototype hypothesis and the origins of attachment working models: adult relationships with parents and romantic partners. In: Waters, E.; Vaughn, B. E.; Posada, G.; Kondo-Ikemura, K. (Hg.): New Growing Points of Attachment Theory and Research. Monographs of the Society for Research in Child Development, Serial No. 244, Vol. 60, Nos. 2–3, S. 216–233.

Person, E. S. (1988): Dreams of Love and Fateful Encounters: The Power of Romantic Passion. New York.

Person, E. S. (1991): Romantic love: At the intersection of the psyche and the cultural unconscious. J. Am. Psa. Assn. 39 (Suppl.): 383–411.

Retzer, A.; Simon, F. B. (1998): Editorial. Familiendynamik 23: 113–116.

Ridley, M. (1996): Die Biologie der Tugend. Berlin, 1997.
Santas, G. (1988): Plato and Freud. Two Theories of Love. Oxford.
Scharff, J. M. (1995a): Zwischen Freud und Ferenczi: die inszenierende Interaktion (Teil 1). Z. f. psychoanal. Theorie und Praxis 10: 349–374.
Scharff, J. M. (1995b): Zwischen Freud und Ferenczi: die inszenierende Interaktion (Teil 2). Z. f. psychoanal. Theorie und Praxis 10: 442–461.
Slavin, M. O.; Kriegman, D. (1992): The Adaptive Design of the Human Psyche. New York/London.
Specht, E.-K. (1977): Die psychoanalytische Theorie der Verliebtheit – und Platon. Psyche 31: 101–141.
Stern, D. N. (1985) : Die Lebenserfahrung des Säuglings. Stuttgart, 1992.
Terman, D. M. (1980): Object love and the psychology of the self. In: Goldberg, A. (Hg.): Advances in Self Psychology. Madison, S. 349–362.
Tolpin, P. ; Tolpin, M. (Hg.) (1996): Heinz Kohut: The Chicago Institute Lectures. Hillsdale/London.
Waters, E.; Merrick, S. K.; Albersheim, L. J.; Treboux, D. (1995): Attachment Security from Infancy to Early Adulthood: A 20-year Longitudinal Study. Paper presented at the biennial meeting of the Society of Research in Child Development, Indianapolis, Indiana.
Wolf, E .S. (1980): Zur Entwicklungslinie der Selbstobjektbeziehungen. Psychoanalyse 3: 222–237.
Wolf, E. S. (1988): Theorie und Praxis der psychoanalytischen Selbstpsychologie. Frankfurt a. M., 1996.

Peter Kutter

Erinnerungen an Heinz Kohut und Ausblick

Summary: Memories of Heinz Kohut

The author, very much impressed by Kohut's early publications, was lucky enough to meet Kohut at first in 1972 in Chicago. Kutter's memories reflect Kohut's warm human attitude, his scientific interest in fundamental concepts like that of „optimal frustration" and his widening scope of psychoanalysis as an analysis and restoration of the self. The report shows Kohut's rise and fall within the psychoanalytic community during 1970 and 1980. Personal anecdotes complete the memories.

Erinnerungen

Kohut war von 1963 bis 1964 Vorsitzender des Chicago Psychoanalytic Institute und von 1964 bis 1965 Präsident der „American Psychoanalytic Association". Sein Einfluß auf Theorie und Praxis der Psychoanalyse erreichte ab 1966 auch den deutschen Sprachraum. Ich erinnere mich gut, daß ein Beitrag von Heinz Kohut – nämlich „Formen und Umformungen des Narzißmus", 1966 – geradezu Furore unter den damaligen jüngeren Analytikern machte. Er wurde von den einen lebhaft begrüßt und von den anderen massiv abgelehnt. Er enthielt in nuce die wichtigsten Begriffe Kohuts zur Selbstpsychologie: Das narzißtische (später: grandiose) Selbst und die idealisierten Elternimagines. Er betonte die Bedeutung unserer Ideale, exhibitionistischer Selbstbestätigung und schmerzlicher Scham und wies auf

Empathie, schöpferische Leistung und Weisheit als gesunde narzißtische Fähigkeiten hin.

Die Narzißmus-Debatte spielte auch auf dem 26. Internationalen Psychoanalytischen Kongreß 1969 in Rom eine große Rolle. Dort trat Kohut neben Paula Heiman, Edith Jacobson, Douglas Levin und Joseph Sandler auf, und zwar mit dem Thema: „The Self: a Contribution to its Place in Theory and Technique“[1] 1969 sprach Kohut die Laudatio zu Ehren Alexander Mitscherlichs in der Paulskirche in Frankfurt. 1970 hielt er am 7. Oktober (neben einem weiteren am Vormittag des 9. Oktober über sein Narzißmus-Konzept) den Festvortrag zur Feier des 50. Jubiläums des Berliner psychoanalytischen Instituts mit dem Titel: „Ist das Studium des menschlichen Innenlebens heute noch relevant?“[2] Während des Vortrags in einem großen Saal der damals durch die Studentenrevolte verunsicherten Freien Universität in Berlin war jederzeit mit einer Unterbrechung durch störende Studenten zu rechnen. Kohut sagte sinngemäß: „Wenn mich hier jemand unterbricht, dann werde ich die im Thema gestellte Frage mit einem lauten Ja beantworten und darauf so schnell wie möglich den Rückzug antreten.“ Es passierte aber nichts.

Der Vortrag machte vielmehr großen Eindruck, denn Kohut bezog seinerseits gesellschafts-kritisch Position und hielt die Ungeduld der akademischen Jugend in vielen Fällen für berechtigt. Er meinte, daß jede gelungene individuelle Analyse ein wichtiger Beitrag zur Veränderung der Gesellschaft sei. Gegenüber direkten Anwendungen der Psychoanalyse auf die Gesellschaft war er eher skeptisch. Er hielt das Interesse der Studenten an neuen Lebensformen für eine Art „neue Innerlichkeit“, was nach meinem Eindruck bei vielen, die die Gesellschaft ja aktiv ändern wollten, einiges Nachdenken auslöste.

---

1 Diskussion in: The International Journal of Psycho-Analysis, (1970) 51: 175–181.

2 Später veröffentlicht in: Psyche 1971: 298–399.

Anschließend saß eine kleine Gruppe von jungen Analytikern, heiß diskutierend, im Keller in der Bar des Hotel Kempinski; Kohut in der Mitte. Hier erzählte er, für mich unvergeßlich, wie er zuerst als Tourist wieder in Wien war, das er als junger Mann mit 26 Jahren, wie zuvor der verehrte Sigmund Freud, verlassen mußte. Lange habe er sich als Tourist gefühlt bis er, zufällig oder nicht, in die Gegend seiner Kindheit und Jugend gekommen sei. Da habe es ihn mit einem Mal gepackt, und er sei „durch die Straßen gerannt: Hier die Schule, dort das Elternhaus, da das eine und dort das andere Kaffeehaus, hier das Haus, in dem ich Klavierunterricht erhielt. Ich war total verwandelt".

Mich müssen danach Kohuts schlichte Menschlichkeit und geistiger Horizont gleichermaßen sehr bewegt haben, denn ich habe ihm nach den Begegnungen in Berlin spontan einen Brief geschrieben, in dem ich seine Ideen für eine neue Psychoanalyse bewunderte. Gleichzeitig fragte ich ihn, ob seine neuen Ideen über Narzißmus nicht auch auf die mich damals sehr interessierende Gruppenanalyse angewendet werden könnten.

In weiteren Briefen wies mich Kohut wiederholt auf seine frühere Arbeit „Concepts and theories of Psychoanalysis" hin, die er zusammen mit P. F. D. Seitz verfaßt hatte. Inzwischen war auch Kohuts praxisrelevanter Aufsatz über „Die psychoanalytische Behandlung narzißtischer Persönlichkeitsstörungen" in der „Psyche" erschienen, der uns damals fast noch mehr beschäftigte als der frühere theorie-bezogene Artikel über Narzißmus, denn er beschrieb ebenso die narzißtischen Übertragungen, einschließlich der therapeutischen Aktivierung des grandiosen Selbst in der Spiegelübertragung, wie die Fixierungen auf die idealisierten Elternimagines und diskutierte den Prozeß des Durcharbeitens dieser Übertragungen einschließlich der Reaktionen des Analytikers. Die einen sahen darin ein Ausweichen vor der dahinter zu vermutenden Aggressivität, während die später sich für Selbstpsychologie interessierenden Analytiker die Notwendigkeit einer idealisierenden Übertragung einzusehen begannen und die Lösung der mit den damit verbundenen

24.10.1970

HEINZ KOHUT, M. D.
180 NORTH MICHIGAN AVENUE
CHICAGO, ILLINOIS 60601
TELEPHONE 726-6300

Lieber Herr Kutter!

Ihr Brief hat mir große Freude gemacht, auch herzl. Dank f. den beigelegten Sonderdruck.
Was Sie über den möglichen Einfluß des Drucks narzißtischer Spannungen aufs Sozialverhalten sagen, ist einleuchtend. Das Thema der Rolle des Narzißmus im Sozialverhalten ist überhaupt faszinierend und, wie ich einmal sagte, "the detailed scrutiny of the influence of the infantile narcissistic fantasy may well become as important for the understanding of group psychopathology as is the examination of the infantile object-directed fantasy in the psychopathology of the individual" (s. den beigelegten Sonderdruck, S. 844, unten). Ich habe mir zwar natürlich schon über diese Zusammenhänge Gedanken gemacht, aber noch kaum etwas über sie publiziert, da ich, systematisch, zuerst den Narzißmus des Individuums studieren wollte. Ich hoffe nun bald, da doch nun mein Buch über dieses Thema abgeschlossen ist, der Untersuchung der narzißtisch-verbundenen Aggression und des Einflusses des Narzißmus aufs Gruppenverhalten zuwenden zu können. Es ist mir aber eine wichtige Befriedigung zu hören, daß meine Ideen dazu beigetragen haben den Forschungsgeist anderer Analytiker auf dieses wichtige Gebiet zu lenken.
Mit guten Wünschen, für Sie und Ihre wissenschaftlichen Arbeiten, bin ich Ihr

Heinz Kohut.

P.S. Einige Sonderdrucke von Arbeiten, die Sie interessieren mögen, gehen separat an Sie ab.

Gegenübertragungen für unerläßlich hielten. Die konkurrierenden Narzißmus-Konzepte von René Spitz, Belá Grunberger und Hermann Argelander machten die Diskussion nicht leich-ter.

Im Frühjahr 1971 war Kohut, eingeladen vom Sigmund-Freud-Institut, in Frankfurt. Die niedergelassenen Analytiker wurden dabei nicht eingeladen und vereinbarten daraufhin einen eigenen Termin mit Kohut, was schließlich zur Gründung der „Rhein-Main-Neckar-Gruppe" führte, Keimzelle des späteren, vom Sigmund-Freud-Institut unabhängigen, „Frankfurter Psychoanalytischen Instituts".

Mein Briefwechsel mit Heinz Kohut konzentrierte sich im weiteren auf die Diskussion seiner neuen Konzepte. Er wies auf sein Buch über Narzißmus hin, das spätestens im April 1970 bei IUP erscheinen sollte und bedauerte, daß sich für „Concepts and Theories" im deutschen Sprachraum kein Übersetzer und Verleger fand. Ich fragte ihn nach der Herkunft des Begriffs „optimal frustration", den er im „Concepts of Psychoanalysis" verwendet hatte. Er antwortete: „Zu meiner Beschämung kann ich Ihnen keine Antwort auf die Frage nach der Herkunft des Terminus ‚optimal frustration' geben. Ich nehme an, daß er als ganz harmloser Begriff in der vor-analytischen Erziehungspsychologie zu Hause war. Andererseits glaube ich, daß ich diesen Begriff dadurch in die psychoanalytische Theorie eingebettet habe, daß ich ihn konsistent mit der Genese und dem Mechanismus der strukturbildenden Internalisierung in Zusammenhang brachte. In diesem Zusammenhang hat wohl die Arbeit mit Seitz hier Priorität".

Kohut forderte mich auf, dem Begriff in der vor-analytischen Literatur nachzuspüren, wobei ich, nun zu meiner Beschämung, zu keinem Ergebnis kam.

Später wies Kohut in einem Brief vom 1. Januar 1972 auf sein Konzept der „transmuting internalisation" hin (später in: „Wie heilt die Psychoanalyse?" 1987, bes. S. 145) und auf dessen Weiterentwicklung durch Marian Tolpin (1971).

1972 besuchte ich Kohut am 3. Oktober in Chicago (auf der Zwischenstation einer USA-Rundreise von New York, über Boston, nach Dallas, Denver – mit Besuch von René Spitz –, Philadelphia und Washington zurück nach New York), und zwar durch die Vermittlung des mir damals über die Lindauer Psychotherapie-Tagungen gut bekannten Kollegen Helmut Baum. Dieser hatte seine Praxis wie Heinz Kohut in der 30 North Michigan Avenue, mit atemberaubendem Blick über die Weite des Michigan Lake.

Kohut traf ich dann während einer wissenschaftlichen Sitzung im Chicago Psychoanalytic Institute. Vorher gab es Getränke und Brötchen. Als Kohut erschien, wollte ich spontan aufspringen und ihn begeistert begrüßen. Da hielt mich Helmut Baum zurück und sagte kühl: „He is an analyst like all of us. It is absolutly unusual to show one's admiration in such an open way."

Später schrieb mir Baum: „Please, don't worry about the submissivness. I said, that, if you would go over to Heinz, it would be submissive in this country. One learns this slowly what is done and what is not. If anything, it was rude of Heinz not to come over to you, since you were a guest. It is true that one does not bear to authority here."

Bei dem privaten Dinner im Hause Kohut empfand ich die Atmosphäre als außerordentlich angenehm. Mit Rücksicht auf seine Frau sprachen wir Englisch. Er liebte es aber, mit seinem schönen Wiener Akzent deutsch zu sprechen. Es ging *natürlich* um die Psychoanalyse und um seine Ideen einer Weiterentwicklung durch seine selbstpsychologischen Aspekte, die ich in keinem Moment als gegensätzlich zu dem empfand, was ich während meiner psychoanalytischen Weiterbildung am Sigmund-Freud-Institut oder während meiner Lehranalyse bei Wolfgang Loch gelernt hatte.

Mein Briefwechsel mit Kohut setzte sich über fünf Jahre bis 1975 fort: Ich interessierte mich für die Schicksale des Narzißmus in Gruppen. Kohut war demgegenüber skeptisch und schrieb: „I doubt whether the kind of new insights and discoveries one can make in such situations can really correspond to those to which one struggles oneself through in prolonged individual analysis." Er hoffte, daß das Interesse an Gruppen „will not lead gifted people away from doing research via individual therapy where, I am convinced, we have barely penetrated beneath the surface and where a rich harvest of discovery is still awaiting the couragous observer", was ich mir damals sehr zu Herzen nahm.

Der auf deutsch handgeschriebene Brief vom 6. Juni 1973 ist insofern interessant, als er zeigt, wie Kohut in seinem eigenen Narzißmus mit Entfremdung auf die Lobreden zu seinem Geburtstag reagierte und erst wieder beim Schreiben zu sich selbst fand. Auch eine gewisse Abhängigkeit gegenüber narzißtischer Zuwendung – später würden wir sagen: gegenüber „Selbstobjekten" – wird sehr schön deutlich.

In der weiteren Korrespondenz ging es um die bestmögliche Verbreitung seiner Arbeiten im deutschen Sprachraum. Daß dies so lange dauerte, betrübte ihn. Immerhin erschien 1973 „Psychoanalysis of the Self" auf deutsch unter dem Titel „Narzißmus", 1975 „Die Zukunft der Psychoanalyse" und 1977 „Introspektion, Empathie und Psychoanalyse". Es war gelungen, Kohuts wichtigen theoretischen Aufsatz über die „Formen und Umformungen des Narzißmus" in einem Band der „Wege der Forschung" über „Psychologie des Ich" herauszubringen (Kutter u. Roskamp 1974), was natürlich retrospektiv völlig deplaziert erscheint, weil Kohut sich damals ja gerade gegenüber der ich-psychologischen Richtung der damaligen Psychoanalyse in einem eher humanen Zugang abheben wollte!

Ein Versuch, „Concepts and Theories" (zus. mit Seitz), an dessen Verbreitung Heinz Kohut offensichtlich sehr gelegen war, in dem von Dieter Eicke betreuten Band über „Freud und die Folgen" (in: Psychologie des 20. Jahrhunderts) auf deutsch unterzubringen, gelang leider nicht. Auch für eine Darstellung der Selbstpsychologie Kohuts als Nachfolger Freuds – neben Anna Freud, Heinz Hartmann, Melanie Klein, Michael Balint, Erik Erikson und Donald W. Winnicott – war die Zeit wohl noch nicht reif!

Kohut gratulierte mir noch am 24. März 1974 zur neuen Position an der Universität. („I am worried about Mitscherlich's former chair. Who will finally fill it?" – Argelander füllte ihn ab 1977 aus!)

FROM THE DESK OF

TELEPHONE 726-6300

HEINZ KOHUT, M. D.
180 NORTH MICHIGAN AVENUE
CHICAGO, ILLINOIS 60601

6. Juni 1973

Lieber Herr Kutter,

mit Ihrem lieben Geburtstagsbrief haben Sie mir große Freude bereitet. Die Feierlichkeiten sind ja nun hier vorüber und trotz aller schönen Reden, die gehalten wurden, bin ich sehr froh, daß das nun alles in der Vergangenheit liegt. Alle diese Lobreden -- so freundlich und aufrichtig sie auch gemeint sind -- führten doch zu einem merkwürdigen Gefühl der Entfremdung mit mir selbst und ich bin froh, daß ich mich nun bald wieder meiner Arbeit zuwenden kann -- bei ihr fühle ich mich immer am meisten bei mir selbst zuhause.

Aber Ihr Brief hat mir wirklich wohlgetan: nicht nur wegen der freundlichen Dinge, die Sie über mich und meine Arbeit sagen, sondern auch (und ganz besonders) wegen der kleinen persönlichen Erinnerungen, die längst vergangene Stunden wieder in meinem Gedächtnis wachrufen.

Herzlichen Dank dafür, daß Sie an mich gedacht haben. Hoffentlich sehen wir einander bald wieder. Auf Wiedersehen, denn! — Ihr

Heinz Kohut

1973 war Kohut noch auf dem internationalen Kongreß in Paris aufgetreten, 1975 in London, 1977 in Jerusalem, aber 1979 in New York schon nicht mehr. Sein Stern am Himmel der internationalen und speziell der amerikanischen Analytiker-Gemeinschaft begann zu verblassen; auch im deutschsprachigen Raum. Statt seiner begann man sich für Otto Kernbergs rasch aufeinander erscheinenden Arbeiten zu interessieren. Auch mir war Kernberg zuerst 1973 in Paris als brillanter Redner über interessante neue Aspekte zur „Borderline-Personality" und zum „pathologischen Narzißmus" aufgefallen. Eine Gruppe europäischer Analytiker wollte ihn für eine Vortragsreise gewinnen; darunter Alice Miller, Lotte Köhler und Erhard Künzler, wenn ich mich recht erinnere. Zum 14. Januar 1975 hatte ich Kernberg – im Rahmen einer Ringvorlesung über „Psychoanalyse und Gesellschaft" (neben Parin, Stierlin, H.-E. Richter, Fürstenau und Loch) – zu einem Vortrag im großen Hörsaal V an die Universität Frankfurt eingeladen. Bei dieser Gelegenheit trat Kernberg auch zum ersten Mal im Sigmund-Freud-Institut in Frankfurt auf, wo man sich allmählich für ihn zu interessieren begann.

Ich korrespondierte trotzdem weiter mit Kohut und erhielt einen letzten Brief vom 12. März1975: Er tröstete mich im Hinblick auf meine nicht immer leichte Position in Frankfurt und deutete mich beunruhigende Reaktionen der Kollegen als Ausdruck von Neid, griff meine Wünsche nach Materialien über die Anwendung der statistischen Methodik im Gebiet der introspektiv-empathischen Psychologie auf, bedankte sich für das Interesse an seinen Arbeiten und erwähnte, daß er an einem „Buch über die Beendigung von Analysen und über den Begriff der psychischen Heilung" schreibe.

Danach muß ich auf die retrospektiv wenig glückliche Idee gekommen sein, Kohut und Kernberg zu einer gemeinsamen Diskussion an die Universität Frankfurt einzuladen, und habe diese Möglichkeit in einem Brief an Kohut erwähnt. Von da an ließ Kohut nichts mehr von sich hören.

Um diese Zeit nahm Kohuts Kreativität trotz (oder wegen!) massiver Kränkungen durch Anna Freud und Kurt Eissler und trotz beginnender Erkrankung zu. Ernest S. Wolf, Arnold Goldberg, Paul und Marian Tolpin, Paul und Anna Ornstein und Michael Basch scharten sich um ihn. Lotte Köhler hatte Kohut schon 1974 nach München eingeladen und besuchte ihn 1976 in Chicago, wo 1978 die erste Selbstpsychologie-Konferenz stattfand.

1981 starb Kohut; bald nach seiner letzten Rede während einer Konferenz in Berkely, wo er ein letztes Mal Position bezogen hatte. Davon existiert glücklicherweise ein Video.

Ausblick

1983 fand dann die erste Tagung über Selbstpsychologie in Dreieich statt, zu der mich János Paál und Christel Schöttler gewinnen konnten. So lange brauchte ich, um meine Widerstände (als Lehranalysand von Wolfgang Loch!) gegenüber der sich nach Kohuts Tod rasch entfaltenden Selbstpsychologie zu überwinden. Um so fruchtbarer empfand ich aber danach Renaissance und Neubeginn der psychoanalytischen Selbstpsychologie in den folgenden Jahren.

Zu den drei Gründungsorganisatoren Christel Schöttler, János Paál und mir stießen bald Hans-Peter Hartmann und Wolfgang Milch. Dokumente fruchtbarer Zusammenarbeit wurden der erste Band über „Selbstpsychologie" (1989) und die folgenden Bände „Sexualität und Aggression" (Schöttler u. Kutter 1992), „Der therapeutische Prozeß" (Kutter et al. 1995), „Das Selbst im Lebenszyklus" (Hartmann et al. 1998) und „Die Deutung im therapeutischen Prozeß" (Milch u. Hartmann 1999).

Am 14./15. Juni 1996 fand am neu gegründeten Frankfurter Psychoanalytischen Institut ein denkwürdiges Forum über „Trieb- und Selbstpsychologie" statt, auf dem die Positionen Melanie Kleins und Kohuts konstruktiv kontrovers diskutiert werden konnten (mit Zoltan Erdély, János Paál, Hans-Peter Hartmann, Wolfgang Milch und mir). In München, Zürich und Dreieich bei Frankfurt finden regelmäßig internationale Kongresse statt. Namhafte Vertreter der Selbstpsychologie wie Anna und Paul Ornstein, Joseph D. Lichtenberg und Ernest S. Wolf nehmen dort ebenso wie jüngere engagierte deutschsprachige Kollegen zu so aktuellen Themen wie der psychoanalytischen Selbstpsychologie Stellung. In Wien gibt es ein Institut, an dem sogar eine Ausbildung in psychoanalytischer Selbstpsychologie angeboten wird. Seit 1998 gibt es eine „Europäische Federation für Selbstpsychologie (EFPS)" mit Dependancen in der Schweiz, Österreich, Spanien, Ungarn und Israel; ab 2000 erscheint „Selbstpsychologie. Zeitschrift für psychoanalytische Therapie und Forschung".

Die Zukunft wird zeigen, wie sich die psychoanalytische Selbstpsychologie – neben dem im deutschsprachigen Raum vorherrschenden „mainstream" der an Melanie Klein und Wilfried Bion orientierten Psychoanalyse – als eigenständige, aber im Einklang mit Ergebnissen der modernen Säuglings- und Verhaltensforschung stehenden Theorie und Methode der Psychoanalyse behaupten wird.

Literatur

Hartmann, H.-P.; Milch, W. E.; Kutter, P.; Paál, J. (Hg.) (1998): Das Selbst im Lebenszyklus. Frankfurt a. M.

Kohut, H. (1966): Formen und Umformungen des Narzißmus. Psyche 20: 561–587.

Kohut, H. (1969): Die psychoanalytische Behandlung narzißtischer Persönlichkeitsstörungen. Psyche 23: 321–348.

Kohut, H. (1971): The Psychoanalysis of the Self. New York.

Kohut, H. (1973): Narzißmus. Eine Theorie der psychoanalytischen Behandlung narzißtischer Persönlichkeitsstörungen. Frankfurt a. M.

Kohut, H. (1975): Die Zukunft der Psychoanalyse. Aufsätze zu allgemeinen Themen und zur Psychologie des Selbst. Frankfurt a. M.

Kohut, H. (1977): Introspektion, Empathie und Psychoanalyse. Aufsätze zur psychoanalytischen Theorie, zu Pädagogik und Forschung und zur Psychologie der Kunst. Frankfurt a. M.
Kohut, H. (1987): Wie heilt die Psychoanalyse? Frankfurt a. M.
Kohut, H; Seitz, D. (1963): Concepts and theories. In: Wepman, J. M. u. Heine, R., Concepts of Personality. Chicago, S. 113–141.
Kutter, P.; Roskamp, H. (1974): Psychologie des Ich. Psychoanalytische Ich-Psychologie und ihre Anwendungen. Darmstadt.
Milch, W. E.; Hartmann, H.-P. (Hg.) (1999): Die Deutung im therapeutischen Prozeß. Gießen.
Schöttler, C.; Kutter, P. (Hg.) (1992): Sexualität und Aggression. Frankfurt a. M.
Kutter, P. (Hg.) (1989): Selbstpsychologie. Weiterentwicklung nach Heinz Kohut. 2. Auflage. Stuttgart, 1999.
Kutter, P.; Paál, J.; Schöttler, C.; Hartmann, H.-P.; Milch, W. E. (Hg.) (1995): Der therapeutische Prozeß. Frankfurt a. M.
Tolpin, M. (1971): On the beginnings of a cohesive self. Psychoanalytic Study of the Child, 26: 273–305.

Die Autorinnen und Autoren

Hans-Peter Hartmann, Dr. med., Diplompsychologe, Psychoanalytiker (DPV), Arzt für Neurologie und Psychiatrie, Facharzt für Psychotherapeutische Medizin, ist Ärztlicher Direktor der Klinik für Psychiatrie und Psychotherapie des Zentrums für Soziale Psychiatrie Bergstraße in Heppenheim. Er organisierte zusammen mit W. Milch das Internationale Selbstpsychologie-Symposium in Dreieich.

Lotte Köhler, Dr. med., ist Psychoanalytikerin in München. Sie gründete die René-A.-Spitz-Gesellschaft zur Förderung der Psychoanalyse (1973), die Köhler-Stiftung und das Münchener Forum für neuere Erkenntnisse in der Psychoanalyse (zusammen mit Hans Kilian).

Peter Kutter, Prof. Dr. med., Professor für Psychoanalyse am Fachbereich Psychologie der Universität Frankfurt am Main; Lehr- und Kontrollanalytiker der Deutschen Psychoanalytischen Vereinigung (DPV); seit 1994 lebt er wieder in Stuttgart.

Joseph D. Lichtenberg M.D., ist Professor am Psychoanalytischen Institut der John-Hopkins-University Humanities Center, Editor-in-Chief des „Psychoanalytic Inquiry" und Präsident des „International Council for Psychoanalytic Self Psychology". Regelmäßiger Referent während der Dreieich-Symposien in Dreieich bei Frankfurt seit 1988.

Wolfgang Milch, Privatdozent, Dr. med., Arzt für Neurologie und Psychiatrie, Psychoanalytiker (DPV), ist Leitender Oberarzt der Klinik für Psychosomatik und Psychotherapie an der Justus-Liebig-Universität Gießen. Er ist Mitbegründer der Europäischen Föderation für Psychoanalytische Selbstpsychologie und Mitglied des „International Council for Psychoanalytic Self Psychology". Zusammen mit H.-P. Hartmann organisiert er die Internationalen Selbstpsychologie-Symposien in Dreieich.

Anna Ornstein M.D. ist Professorin für Kinderpsychiatrie an der University of Cincinnati, Ohio. Sie ist Mitglied des „International Council for Psychoanalytic Self Psychology"; Referentin der „Annual International Conference on the Psychology of the Self" und der Dreieich-Symposien.

Paul Ornstein M.D. ist Professor für Psychiatrie an der University of Cincinnati, Ohio. Er arbeitete mit Heinz Kohut zusammen und ist Mitbegründer des „International Center for the Study of Psychoanalytic Self Psychology"; Referent auf den „Annual Conferences on the Psychology of the Self", der René-A.-Spitz-Gesellschaft, der Köhler-Stiftung in München und den Internationalen Selbstpsychologie-Symposien in Dreieich.

Barbara Shapard ist „Clinical Social Worker" in privater Praxis. Sie ist „Assoc. Clinical Professor of Psychiatry" an der Georgetown-Universität, medizinische Fakultät. Sie arbeitet außerdem familientherapeutisch an der Washington School of Psychiatry.

Ernest S. Wolf M.D. ist Professor für Psychiatrie an der North Western University School of Medicine Chicago, Lehr- und Kontrollanalytiker des Chicago Psychoanalytic Institute und war enger Mitarbeiter Heinz Kohuts. Referent der „Annual Conferences" in den USA, der René-A.-Spitz-Gesellschaft, der Köhler-Stiftung in München und der Symposien in Dreieich.

Psychotherapeutische Perspektiven des frühesten Lebensalters

Lisa Koch-Kneidl /
Jörg Wiesse (Hg.)
Frühkindliche Interaktion und Psychoanalyse
Psychoanalytische Blätter,
Band 13.
2000. 139 Seiten mit einigen Abbildungen, kartoniert
ISBN 3-525-46012-0

Ergebnisse der empirischen Säuglings- und Kleinkindforschung, seien sie mehr verhaltens- oder bindungsorientiert, haben zunehmend Eingang in die psychoanalytische Entwicklungspsychologie, in Objektbeziehungstheorien und Selbstpsychologie gefunden, auch wenn ihre Evidenz in der Erfahrung des psychoanalytischen Prozesses noch weitgehend ausstehen mag.
Neben den Ergebnissen der Säuglingsforschung (zusammengefaßt von Mechthild Papoušek, München) wird vor allem auf neuere Erkenntnisse der Bindungsforschung eingegangen (Eva Hédervári-Heller, Frankfurt a. M.; Peter Zimmermann und Elisabeth Fremmer-Bombik, Regensburg). Sie beziehen sich auf die Arbeiten von Bowlby, der Wesentliches zum Verständnis der Interaktion zwischen Mutter und Kind beigetragen hat. Die Möglichkeiten, auf die frühe Beziehung von Kleinkind und Bezugspersonen einzuwirken, zeigen Mechthild Papoušek anhand der therapeutischen Arbeit mit sogenannten Schreibabys und ihren Eltern, Karl Heinz Brisch (Ulm) mit Frühgeborenen und ihren Eltern. Eine wesentliche Erweiterung von Winnicotts Konzept des Übergangsobjekts gelingt
Gilbert Diebold (Dôle/Frankreich) in seiner Darstellung der aufeinanderfolgenden Umwandlungen von Selbst und Objekt im Übergangsraum der Beziehungen.

V&R
Vandenhoeck
& Ruprecht